改訂新版

マンション管理人の仕事とルールがよくわかる本

三村正夫 著

セルバ出版

改訂新版　はじめに

国土交通省の令和2年度末の統計調査によれば、マンションのストック戸数は約675万戸、居住者人口は約1573万人と推測されています。分譲マンション総数は、統計が出ていないので明確な数値は掴めませんが、一分譲マンション100戸ぐらいで考えても、約6万棟ほどの分譲マンションがあることになります。分譲マンションはその数だけの管理組合が法律上当然に存在することになります。いまやマンションは、日本の住宅事情では、欠かせない資産となっているのです。

しかし、これだけ普及した分譲マンションについての法律である区分所有法やマンション管理適正化法についてご存じのうえで住んでおられる方は、ほとんどないのが現実ではないでしょうか。

私は、17年前から数年前までシルバー人材センターの委託を受け、毎年、マンション管理人さんの養成講座を開講してきました。研修で実感したのは、分譲マンションにおける管理人さんの仕事の重要性でした。一方で、本業の社会保険労務士という職務がら、マンション管理人さんの労務管理にも興味があって調べてみましたが、関連する参考文献がほとんどないことに驚かされました。

マンション管理人さんの労務管理がなおざりにされていることは、きわめて問題です。たとえば、労働基準法では、10名未満の事業所は就業規則の届出等は義務化されていませんが、採用した管理人さんをやむなく解雇しなければいけなくなった場合、就業規則等に解雇の具体的事項が記載されていなければ、労使トラブルになりかねないのが現状です。裁判にでもなれば莫大な時間と経費がかかり、管理組合の財産がそれだけマイナスしてしまうことになります。

したがって、最低限、マンション管理人さんに関する確かなマニュアルが必要になってくると思います。そのときに本書がその一助になれば幸いです。また、管理会社では、受託マンションの各管理組合の就業規則として活用するなど、マンション管理マニュアルの一部としても活用可能です。

さらに、マンション管理士の方々にも参考にしていただけるのではないかと思います。

本書は、管理人さん、理事長さん、その他多くのマンション関係者の方が、大事な財産であるマンションの資産価値をより高めるように活用してもらえればと願っております。そのため、第5章までは、マンションの管理人さんサイドの立場で記載してあります。そして、第6章からは、理事長等の使用者サイドの立場から記載しました。それにより、相互の関係がよりよくわかり、さらにマンションの管理の理解力が深まるものと期待しています。

なお、改定されたマンション標準管理規約（単棟型）を巻末資料で掲載しています。

そして、マンション管理人さん輝け、と強く呼びかけたいと思っております。

また、今回の改訂新版では、マンション管理適正化法の改正で新設されたマンションの管理計画認定制度についても織り込んでいます。この法改正により益々マンションを守るマンション管理人さんの仕事の重要性が増してきたのではないかと思います。。

２０２１年11月

三村　正夫

改訂新版　マンション管理人の仕事とルールがよくわかる本　目次

第3章 マンションのルールブックは管理規約

第4章 区分所有法・マンション管理の適正化法を理解しよう

第5章 マンション管理人さんの位置関係

第6章　管理組合がマンション管理人さんを雇うときの労務管理

第7章　マンション管理人さんの就業規則・賃金人事制度のポイント

第1章　マンション管理人さんの仕事とは何か

1　マンション管理人さんって何をする人のこと

本書をご購入いただいた多くの読者の皆さんは、マンションの管理人さんってどういうお仕事をされているのか、漠然としたイメージしかないかと思います。おそらくほとんどの方は、マンションの掃除や受付の業務をやる人程度でしかないでしょう。

当初は、そうでした。しかし、17年前にマンション管理人さんの養成講座を始めてから理解が深まるにつれて、その仕事の重要性に毎年認識を改めました。

マンションの理事長さんやオーナーの方が、マンションの管理人さんの仕事の内容を知ることは、結果的にご自分のマンションの価値をどうすれば維持向上できるかを理解することにつながっていきます。昔から、マンションの価値は、管理で決まるといわれています。ですから、その管理を知ることは、マンションの価値のアップに直結するわけです。

これから、終の住いになる人もおられれば、5年程度しか住まない人もいるかと思いますが、ぜひ本書によりいくらかでもマンション管理への理解を深めていただければ、少しは自分の住宅が資産価値を高めていくことにつながると思います。

私の持論ですが、一言で言えばマンション管理人さんの仕事とは、マンションのオーナーの大切な資産を守り、その結果として良好な住環境を築いていくことではないかと考えています。

２　分譲マンションの管理と賃貸マンションの管理の違い

皆さん、そもそも分譲マンションのオーナーは、どのような法律を踏まえておかなければならないかご存じですか。残念ながら、マンションの区分所有法やマンション管理の適正化法など知るよしもないと思います。ましてや分譲業者は、本来の購入時に理解していなければならない、基本的なマンション関係の法律について詳細に説明してくれることは寡聞にして皆無です。なぜなら、彼らは、マンションを売ることがすべてであり、マンションの区分所有法などを詳しく教えるとその法律の複雑さにマンションは売れなくなってくる可能性が高く、自ずと敬遠してしまうからです。本書では、その辺のこともわかりやすく説明していきたいと思っています。

マンションのオーナーは、法律上当然に、区分所有法に従わざるを得なくなります。区分所有法3条には、（区分所有者の団体）「区分所有者は、全員で、建物並びにその敷地及び付属施設の管理を行うための団体を構成し、この法律の定めるところにより、集会を開き、規約を定め、及び管理者を置くことができる」と定められています。

この区分所有者になることは、いったいどのようなことなのでしょうか。

区分所有法1条には、（建物の区分所有者）「一棟の建物に構造上区分された数個の部分で独立して住居、店舗、事務所又は倉庫その他建物としての用途に供することができるものがあるときは、その各部分は、この法律の定めるところにより、それぞれ所有権の目的とすることができる」と定めています。

所有者ということであれば、何となく理解できますが、区分所有者と難しい表現になっています。これは、1棟の建物について複数の所有者が存在するため、民法の物権の考え方の1つである一物一権主義の例外規定として、昭和37年に制定された「建物の区分所有に関する法律」(以下、区分所有法といいます)という法律で区分所有という概念ができたためです。

一般にマンションを賃借するのであれば、借地借家法が適用され、賃借人としての権利と義務が発生しますが、分譲マンションを購入したオーナーは借家法の適用は受けずに、この区分所有法の適用を受けることになり、その定めに従わなければならなくなります。法律上の立場が、分譲マンションと賃貸マンションでは全然相違します。

したがって、その管理も借地借家法を基本にした管理と区分所有法を基本にした管理ということで違ってくるわけです。

たとえば、賃貸マンションであれば、家賃を支払わなければ債務不履行でマンションを出て行ってくれといえますが、分譲マンションでは、管理費を払わないから出て行ってくれとは簡単にはいえません。

外見上は同じようなマンションであり、その管理にあまり相違はないように見えますが、適用される法律が違うためその管理は相当違うのです。マンションを購入される方は、そのようなことを

【図表１　マンションの所有形態のまとめ】

所有形態	外観	適用法律	権利関係
賃貸マンション 通常の場合 オーナー１人のみ	同じ	借地借家法	原則、登記の必要はありませんが、原則、賃料の支払いがなければ、契約は解除になります。 法律関係は、それほど複雑ではありません。
分譲マンション 通常の場合 オーナー２人以上	同じ	区分所有法 マンション管理の適正化法	原則、登記が必要であり、区分所有権は与えられていますが、共用部分等の使用等に関し、複雑な法整備がなされており、一戸建所有とは、かなり相違します。

考えずに、分譲業者に勧められるままに購入されているのが現状かと思います。主な違いをまとめたのが、図表1です。

マンションを契約する場合、数千万円もする買物ですから、この住まいのルールの基本である区分所有法の区分所有者の権利と義務といった基本的なことは、十分理解してからにすべきです。

分譲業者も、本当にお客様のことを将来に渡って考えてあげるなら、事前に充分説明すべきであると思います。

業者にいわせれば、事前に重要事項説明で説明していると反論するかもしれませんが、それでは不十分であり、もっともっと丁寧に説明して販売すれば、今日のマンションの多くの無用なトラブルも減少したのではないかと思われます。

以上のように、分譲マンションのオーナーになるということは、単にマンションを借りて住む賃貸マンションの場合とは異なり、法律上の立場が大きく相違しているということを理解していただきたいと思います。

したがって、マンションの管理人さんのお仕事の1つとして、マンションのオーナーの方々に区分所有法における区分所有者の法律上の権利と義務といったことを普段から啓蒙していただければ、マンションの質はさらに向上していくものと思っております。

3 マンション管理人さんの仕事内容

ところで皆さん、マンション管理人さんの日常の仕事はどのようなものか、具体的にご存知ですか。マンションの受付業務等はすぐ頭に浮かびますが、その他どんな仕事をしているか意外と知らないのではないかと思います。

マンション管理人さんの主要な仕事の内容は、図表2のようになります。

これらの業務の中でも①と②の仕事のウエイトが高いのではないかと思われます。

なお、日常業務の1つである清掃の中のモップの使い方とか、ガラス清掃の仕方といった詳細な業務内容については、紙面の関係上細かく記載できないので、本書では割愛しています。

次に仕事の特徴を分析すると、次のような傾向が見えてきます、

(1) 体力的に負担のない仕事である。75歳くらいまで十分働ける。

【図表２　マンション管理人の仕事内容】

①　受付等の業務	受付業務は、居住者や外来者と対応しながら実施する業務であるため、第一印象の良し悪しで評価されてしまう可能性があります。 このため、丁寧な言葉遣いや清潔な身なりに留意をする必要があります。 管理会社や管理組合は、管理人さんには居住者から好感をもたれるような制服を貸与し、必ず着用するよう義務づけ、日頃から指導する必要があります。
②　点検業務	点検業務は、建物、設備等の異常の有無を点検する業務です。業務は、委託契約に基づき、定期的に実施する業務なので、あらかじめ点検箇所・点検項目・点検回数等の点検リストを作成し、履行遅滞・不履行が生じないよう日々留意する必要があります。
③　立会業務	立会業務は、諸設備の保守点検や共用部分の修繕工事、清掃業務、ゴミ収集等外注業者等の業務実施状況を立会い監督する業務です。
④　報告連絡業務	報告連絡業務は、日々の業務の実績結果を業務日誌等に記録し、フロント等関係先に報告（定時、緊急時）する業務です。 報告は、「いつ、どこで、誰が、何を、なぜ、どのように」を、できる限り客観的に行うのがポイントです。
⑤　管理補助業務	管理補助業務は、フロント等の事務職員の業務を補助するもので、防火管理業務や未収金督促業務の補助業務がこれにあたります。

(2)　勤務時間が決まっていて、残業が少ない傾向にある。

(3)　人生経験豊かな人ほど、いままでの経験などを活かすことができる。

(4)　老後の再就職の仕事としては、様々な職業の中では最適である。

(5)　資格・経験にとらわれず、誰でもできる。

いかがですか。想像していたよりは、素敵な仕事ではないですか。

前述の基本的な5つの業務以外にも、管理人さんの人生経験を活かすことができれば、マンションの区分所有者の方の様々な相談に乗れるケースも出てくるのではないでしょうか。

マンション以外の相談であれば、相談に乗ってあげるかどうか、ボランティアの要素も含まれてくるかもしれませんが、このレベルまで信頼されてくると管理人冥利に尽きるのではないかと思われます。

もっとも、実務では、住民同士の騒音・ペット飼育・駐車場使用などを巡るトラブルを持ち込まれることも多く、管理人さんでありながら、あるときは便利屋さん、あるときは仲介者など、使い走りのような仕事も多々あると思います。

たとえば、こちらが挨拶をしても返事もしない居住者や、こちらの些細なミスをあげつらうような居住者もいるかもしれません。

マンション管理人さんの仕事を続けていけるかどうかは、これらのようなことで嫌やになりやめてしまうか。この壁を乗り越えてマンションで信頼関係を築き上げていくかで決まるのではないかと思います。

都会では、隣にどんな人が住んでいるのかさえ知らずに住んでいるケースが多いとされます。マンションの管理人さんは、このようなマンションの孤独社会の中で、一歩前向きな考え方をすれば、これほど人間味のある素晴らしいやりがいのある仕事はないのではないかと思われます。

4　マンション管理人さんに適した人とは

ここまでお読みになられて、少しはマンションの管理人さんの仕事について、いくらか見方が変わってきたのではないかと思います。

そこで、次にマンションの管理人さんは、どんな方が向いているのか考えてみたいと思います。一概に決めつけることはできませんが、次のような方を挙げることができます。

①　ある程度人生経験豊富な方（定年で再就職先を検討しているようなケース）
②　世話好きな方（以前、あなたって面倒見がいいなどといわれた経験のある方）
③　マイペースで仕事をしたいと思う方（基本的に職場では１人の勤務になると思われます）
④　体力が必要な仕事は苦手な方（基本的に業務は体力のいる力仕事はなく簡単な軽作業）
⑤　宅地建物取引士、マンション管理士、管理業務主任者などの資格を持っている方

いかがですか。「いけるかな」と思われた方も多いのではないかと思います。

筆者は、17年前から、シルバー人材センターの依頼を受けて、北陸で初めてのマンション管理人さんの養成講座を開いていていました。当初は、どのようなテキストを活用して、どのような研修内容にするのか、事例がなかったもので、手探り状況でスタートしたことが懐かしく思い出されます。

平成12年、マンションの法律であるマンション管理の適正化法が成立しました。その法律の中に、

マンション管理のコンサルタントの位置づけとして、マンション管理士という国家資格が誕生しました。この資格と同時に管理会社で仕事をする管理業務主任者という国家資格も同時に誕生しました。筆者は、その資格を取得・登録をしていたので、そのことがキッカケで、マンション管理人養成講座を引き受けることになったのです。約14年で約300名の卒業生を送り出しましたが、その経験を踏まえてマンション管理人さんに適した方を上げさせていただきました。

しかし、それにこだわる必要はありません。やる気があれば十分です。マンション管理人さんの仕事は、資格も必要とせず、特別の学歴・経験も求められないので誰でもできます。一番のポイントは、人柄に尽きます。

ところで、管理人さんは、原則1人で仕事をするわけですから、対人関係は考慮しなくてよい仕事かと思われますが、それは大きく違います。マンションの住んでいる多くの方とのコミニケーションは、非常に重要なポイントになります。なぜなら、マンション管理会社に雇用されてマンションに勤務している管理人さんは、一挙手一投足が管理会社のイメージなってしまいます。

逆の立場で考えてみてください。もし、あなたがマンション住まいで、マンションに帰宅したとき、マンションの管理人さんに「お帰りなさい」と爽やかな笑顔で挨拶されたらどんな気持ちになりますか。挨拶もろくにしない管理人さんとでは、雲泥の差です。管理人さんの仕事は、基本的には人柄が重要で、やる気があればできるというのは、その辺のことを指しているわけです。

また、筆者は、マンション管理人の養成講座のスタートとともに北陸マンション管理士会（平成

24年4月5日には一般社団法人石川県マンション管理士会として法人化。筆者が初代代表理事就任）を設立して、毎年、管理組合向けのセミナーや相談会を開催してきました。その中で様々なマンション管理の課題・問題点を実感することができました。これらの活動を通じて、益々マンション管理人さんの仕事の重要性、マンションは管理で決まるということの意味を痛感しています。

5　マンション管理人さんにいま望まれていることは

マンションのオーナー（以後、区分所有者と表示します）は、マンションに住んでいる人たちを対象とする法律があり、それを守らなければならないことを理解されていない方が多いと思います。それは、マンションを購入する際、ほとんどの分譲業者が詳細な内容まで説明していないことも原因として挙げられます。建物の物理的条件は、目に見えるので理解しやすいのですが、マンションの規約・法律等の理解はなおざりにされがちです。

マンションの区分所有法などのことが理解できてなくても、規約の中には区分所有法などの守るべきことはほとんど記載されています。たとえば、区分所有者になれば、ベランダは自分のものだから物置をおくなど自由に使っていいはずだと大半の人は考えるかもしれません。しかし、区分所有法では、ベランダは共用部分となっており、共用部分である限り、区分所有者の総会で議決して、ＯＫをとらないと使えないことになってきます。

こうした基本的なことは、身近にいるマンションの管理人さんがある程度アドバイス対応できる方であれば、大変心強いのではないかと思います。マンションの管理人さんが、ある程度教育された方であれば、マンションの管理は大幅に改善されていくことになるわけです。

いかがですか。マンションは、管理を買えとよくいわれますが、その管理は管理人さんのレベルでも随分相違してくる可能性があることがおわかりいただけたでしょうか。

従来のマンション管理人さんは、受付や掃除等をこなせば仕事は終わりで済ませることができたかもしれません。しかし、これからのマンション管理人さんは、マンションの規約や法律をある程度理解して、マンションに関する相談にいくらかでも乗れることがが望まれてくるのではないでしょうか。

当然、管理人さんのレベルが上がれば、社会的にもいまより認知され、最終的には管理人さんの賃金等の雇用の改善にも繋がってくるのは明らかです。

そして、なんと言っても、管理人さんがマンションにいるというだけで、小さな子供さんなどがおられるお母さん方には、安心感が得られるのではないかと思います。

本書では、マンション管理人さんと記載していますが、マンション管理適正化法に準拠して作成された標準管理委託契約書に、マンションの管理員さんの仕事として紹介されるようになったので、公式用語としては「マンション管理員さん」と記載すべきかもしれませんが、同義語なので、従前から馴染みのある「マンション管理人さん」として記載しています。

第2章 マンション管理人さんの仕事のポイントは

1　75歳までは活躍できるすばらしい仕事

日本の高齢化社会は、世界でも例を見ないスピードで進んでいます。まして、65歳以上人口が29％と世界一です。マンションでも同様の現象が見られ、マンションの一室に80歳のおばあさんがたった1人で生活しているといったことは、人生100年時代の今日では特に珍しい話でもありません。

このような、高齢者が多いマンションでは、誰が頼りになるのでしょうか。読者の皆さんは、おわかりですね。そうです、身近に頼れるのは、マンションの管理人さんしかいないのです。

息子さんなどがすぐ対応してくれればいいですが、やはり時間的な無理があります。このような視点からみても、マンションの管理人さんという仕事は、社会的にも今後ますます重要性を帯びてくる職業ではないかと思われます。

さらに、マンションは、40年も経てば、建替えという大変な問題を抱えています。失礼かもしれませんが、80歳のおばあさんがこの問題を解決できるでしょうか。

マンションにおいては、このような老朽化と同時に老齢化という問題が起きています。

マンションを購入するとき、ほとんどの分譲業者は、このような将来のリスクを話すことはありません。話せば、マンションを購入する人は激減すると思われるからです。

ちなみに理事長さん、マンションの生涯コストは、建物の建設費の何倍かかるかご存知ですか。

図表３のように約3倍です。２０００万円の建設費だとすれば、その維持費が約６０００万円かかる勘定です。建設費２０００万円のマンションを買ったのではなく、一概には言えませんが約８０００万円のマンションを契約したことになるという事実を知っていただきたいと思います。

いかがですか。ビックリしましたか。

このようにマンションは、経済的にも、今後80歳・90歳といった高齢者の区分所有者の方が解決していかなければならない大きな問題が様々に発生してきます。この視点から見ても、マンションの管理人さんの果たすべき役割は、今後ますます大きくなってくるものと思われます。

【図表３　建築物のライフサイクルコスト】

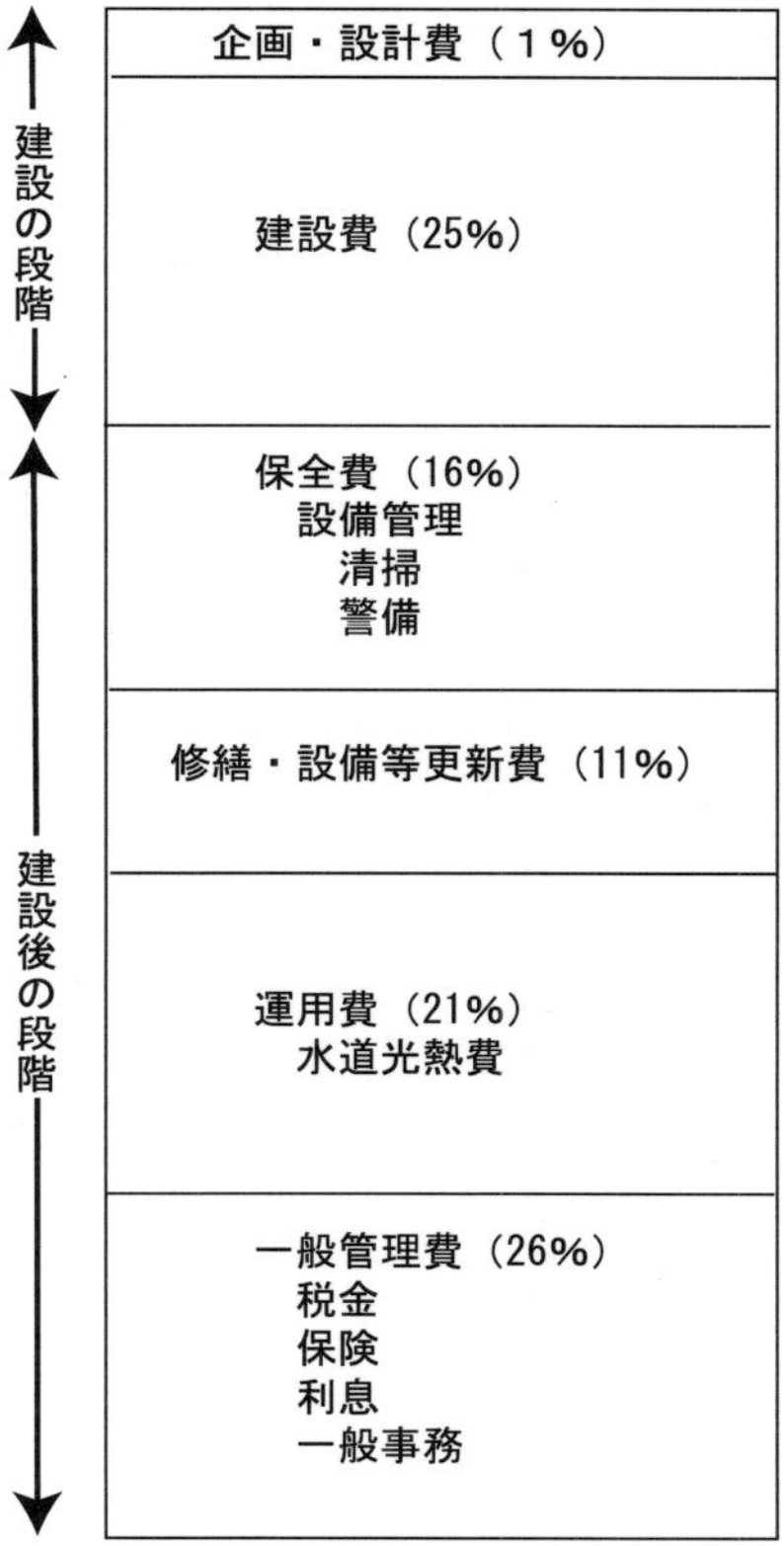

出所：(社)建築・設備維持保全推進協会(BELCA)試算より

以上のような今日の時代背景を踏まえて、令和３年７月の厚生労働省の発表によると、女性が87・74歳、男性が81・64歳という日本の平均寿命を考えれば、これからの日本は75歳は現役という考え方もおかしくないと思います。

マンション管理人さんの仕事内容であれば、75歳まで十分やっていける職業であり、逆に年齢が嵩むことにより、マンションの住民とのコミニケーションがとりやすくなってくるケースもあるはずです。今後予想される高齢化マンションにおいては、高齢の住人であれば、年齢の近いマンション管理人さんのほうがうまくいくケースが考えられるからです。

2　60代からのマンション管理人さんの仕事のポイント

読者の皆さんの中には、そろそろ60歳・65歳の定年を迎え、会社の再雇用制度も選択せず、年金生活で余生を送るべきか、はたまたいままでの人生経験を生かして新しい仕事にチャレンジすべきか検討中の方もおられるのではないでしょうか。そんな折、ふっとマンション管理人さんはどうかなと興味を持たれ、本書を購入していただいた方も多いと思います。

筆者は、本職が社会保険労務士ですから、年金支給対象年齢（図表4参照）で働いていた場合、年金がいくらもらえるのかよく質問されます。

一般的には、正社員として社会保険も加入して勤務する場合、60歳から65歳までは年金と給与を合計して月あたり28万円を超えなければ年金の支給停止はありませんが、超えたときはいくらか年金が支給停止になります（図表5参照。（令和3年4月現在））。65歳以上では年金（老齢基礎年金

【図表４　厚生年金の受給開始年齢】

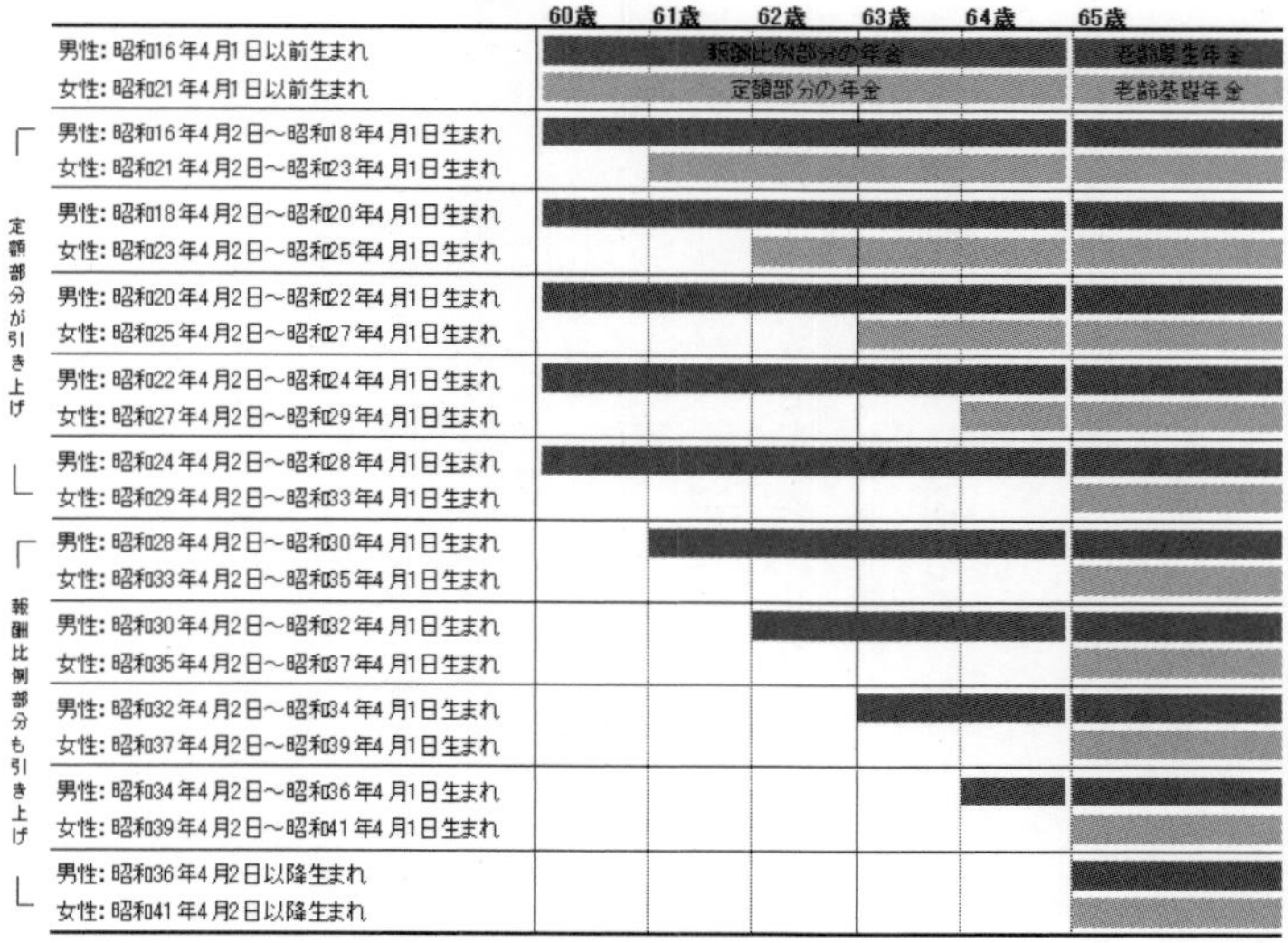

【図表５　60歳台前半の在職老齢年金支給停止額（年額）の計算式】

		支給停止額
総報酬月額相当額＋基本月額28万円以下		支給停止は、なし
総報酬月額相当額＋基本月額28万円超		1月について以下の金額を支給停止
基本月額28万円以下	総報酬月額相当額が47万円以下	（総報酬月額相当額＋基本月額－28万円）×1/2
	総報酬月額相当額が47万円超	（47万円＋基本月額－28万円）×1/2＋（総報酬月額相当額－47万円）
基本月額28万円超	総報酬月額相当額が47万円以下	総報酬月額相当額×1/2
	総報酬月額相当額が47万円超	47万円×1/2＋（総報酬月額相当額－47万円）

総報酬月額相当額＝受給権者が被保険者である月の標準報酬月額＋その月以前1年間の標準賞与額の合計×1/12
基本月額＝年金額（加給年金額を除く）×1/12で、個人ごとに異なります（令和4年4月以降は65歳からの基準と同じ）。

部分を除く）と給与を合計して47万円を超えなければ年金の支給停止はありません。

ただし、65歳からは、給与がいくら支給されていようと老齢基礎年金部分の支給停止はありません。

このように60代は、年金

受給できる世代でもあり、また年齢によっては60代前半の年金がもらえない60代もいますが、50代までのように年金がない世代とは異なり、年金受給のことも考慮しなければならないため、給与に対する考え方もいろいろあると思いますが、それは次の3つのタイプに分類されます。

(1) 年金がまだもらえない、または年金だけでは生活が苦しいのでいくらかの糧にしたい。
(2) 年金で十分生活できるが、もっと豊かに生活したい。
(3) 定年後はこれまでの自分の人生経験を生かして社会に貢献できる仕事をしたい。

筆者が、日頃、中小企業のサラリーパーソンの方で定年後の年金の受給について相談を受ける男性の年金額を例に取れば、ほとんどが月額15万円から18万円ぐらいです。時折、上場企業勤務や公務員として勤務していた方で月額20万円をやっと超えるケースがあります。

したがって、年金が月額15万円の方であれば、給与は月額13万円を超えなければ年金は満額支給され、支給停止されません。このようなことも考えて、働く必要があると思います。

長年、シルバー人材センターで研修をしていて感じる変化は、14年ほど前は熱心に就職を考えている方はあまり見受けられませんでしたが、数年前の受講生は真剣に再就職を考えてマンション管理人の研修を受講されているということです。その中で多いのが、「われわれは、通常の勤め先にアプローチしても、履歴書どまりで面接までもいきません」という声が数年前は多かったようですが、最近は人手不足とコロナ禍で流れが変化してきているようです。

このようなことを考えると、給料はもちろん現役ほどはいきませんが、年金受給も考慮して考えれば、マンション管理人さんの賃金は相場から見ても悪くはありません。ちなみに、首都圏・関西圏のマンション管理人の求人の賃金相場は、月あたり13万円から18万円ぐらいの範囲の中にあります。

しかも、求人の中には、70歳まで勤務ＯＫといった内容のものもあります。様々な仕事がありますが、特別な資格や能力がなければ仕事を探すのは厳しいというのも、この年代の特徴です。それらの観点から見れば、前述の３つのタイプの60歳台の方などは、マンション管理人の仕事は最高にマッチしているといえます。マンション管理人さんの仕事は、十分検討すべき価値があります。

3　50代までのマンション管理人さんの仕事のポイント

現在、分譲マンションの管理人さんは、50代までの若い人はまだまだ少ないようです。マンションの管理会社の中には、最近では管理人さんは若い女性スタッフでコンシェルジュを兼務しているところもありますが、それは特殊な例で、ほとんどが年配の男性の方で占められているのが現状です。

確かに給料は、その他の仕事と比較して、世間相場から見ればやや低いかもしれませんが、現在の従事者の中心を構成する方の年齢やそれに伴う年金受給の状況を考えれば、やむを得ないともいえます。

それを逆手にとって考えれば、マンション管理人は、50代の主婦のパート先として注目すべきです。簡単な軽作業はありますが、女性の体力でも十分対応できます。しかも、仕事の内容から見れば、ある意味で女性に馴染みやすいともいえます。

それは、さて措くとしても、50代の中でも特に50代後半の方々には、ぜひともマンション管理人になることを検討していただきたいと思います。

50代後半の方々は、定年間際であり、老後をどのように過ごすべきかなどを考え始める時期です。団塊の世代のすぐ後ろを走ってきた50代後半の企業戦士の方々は、とにかく若い頃からがむしゃらに働いて給与を上げ、定年後は退職金と年金で優雅に暮らすことが目標のように教育されてきました。

しかし、現実は、少々違うようです。給与は上がるどころか、よくて横這い、多くはダウンの憂き目にあります。加えて、役職定年制や早期退職優遇制をはじめとして、活躍の場も狭められ、給料の高い高年齢者は早く退職せよとでもいうような厳しい状況に追い込まれている方が多々あるとも漏れ聞いています。

しかしながら、コロナ禍や人手不足もあり、この流れは変化しつつあるようです。

人間は、生涯現役で働くことが大切なのではないでしょうか。現役時代あれだけ元気であったと思われた方が定年と同時にミルミル元気がなくなっていく姿をみると何か悲しくなります。自然界で定年ということでのんびりしている動物がいるでしょうか。どんな動物も生きるために必死です。

かつて、日本で初めて日本地図を作成した伊能忠敬は、55歳から17年かけて全国を回ったそうです。近代でいえば、あのダスキン創業の鈴木清一社長が52歳のときに創業して上場企業まで育て上げました。

このような先人の例を出すまでもありませんが、皆さんは、職場の環境が多少不本意であっても定年までは何とか頑張ればといったことに頭が支配されていませんか。

50代後半の方々は、それから後の人生１００年時代の約50年の再スタートを切るべき地点に立っているのです。不本意な環境に措かれているのであれば、体力・気力の充実しているいま、思い切ってマンション管理人さんの仕事にチャレンジすることによってやり甲斐を見つけてみてはいかがでしょうか。そこまでと思われる方でも、定年・退職後に備えて、マンション管理人さんの仕事を視野に置き、積極的にその勉強をしてみてはいかがでしょうか。

４　人生の社会経験をすべて生かすことができる仕事

読者の皆さん、マンション管理人さんの魅力をもっと考えてみたいと思います。

ここ数年、ユニクロやパナソニックの新卒採用は、８割が外国人とのことです。また、日本は少子高齢化で、２００５年から人口が縮小に向かい、年配者の人口ばかりが増えつつあります。このような時代の大きな変化の中で、マンション管理人さんは、どのような流れをとっていくのでしょうか。

基本的には、ＩＴ化が進むとともに「カネ」「情報」「もの」は国境が徐々になくなっていきますが、「ひと」は国境を越えるのにかなりの時間を必要とすると考えられます。ましてや、国内にある不動産その中でもマンション管理の仕事は、ＩＴ化が進みにくく、きわめて人的資源によるところが多い職業といえます。また、細々としたコミュニケーションが求められるだけに、外国人にはなかなかこなせない職業です。

マンション管理の仕事は、単なる受付・掃除と受け止めれば、誰でもできることです。しかし、前章で説明したように、マンション管理をマンションの資産価値を守ってあげるんだというようなもっと前向きな捉え方、すなわちここの住民との良好な人間関係の構築、将来のマンションの修繕等も一緒になって考えていくといった観点に立って携わっていくのであれば、これまでの豊富な人生経験と人柄が仕事に与える影響力は想像以上にあるはずです。

たとえば、ある区分所有者の方から、上の階の子供の歩く音がうるさく何とかならないかと相談を受けたとしましょう。それをそのまま事務的にマンションの理事長や上の階の人に持ち込んで連絡・処理しようとすれば、場合によっては上の階と相談者との間でトラブルが発生してしまうかもしれません。人生経験豊かな管理人さんであれば、理事長と相談しながら、両方の立場を理解できるはずですから、角が立たず上手に解決するようなもっていき方も講じられるはずです。

このようなケースは多々あると思います。とかくマンションでは、一度人間関係が崩れると、それを修復するのは大変です。かつて、団地で些細なことが原因でピアノ殺人にまで発展した事件もあります。団地もマンションも構造的には同じです。この辺が、一戸建ての住いの方と大きく相違するところです。

こうした行き届いた配慮により、多くの住民から信頼と感謝の気持ちをもってもらえれば、これほどやり甲斐のある仕事は他にないのではないでしょうか。

その意味では、マンション管理人さんは、日本の社会の良好な社会資産を維持、守る大切な社会的使命を担っているといえます。

５　マンションの区分所有者をお客様と思う気持ちが大事

マンション管理の仕事は、会社の中で、直接売上をアップしてとにかく利益を追求する仕事とは趣が違うのではないでしょうか。確かに、管理会社全体では利益追求が課題ですが、現場の管理部門の管理人さんの仕事となると、利益ばかりを求めていたのでは、内容のあるマンション管理はできなくなります。

マンション管理の現場では、お客様はマンションのオーナーである区分所有者です。したがって、マンション管理の仕事においては、何か問題があれば、区分所有者の立場で物事を考えることにより、自然と解決の糸口が見えてくることになります。

お客様、すなわち区分所有者の視点で物事を考えれば、清掃などの仕事もいままで気がつかなかった清掃箇所を発見したりすることもあるはずです。

筆者は、お客様の会社訪問することがありますが、業績のいい会社は不思議と雰囲気が明るく、トイレも掃除が行き届いているような気がします。これは、マンション管理の現場でも同じです、先月もあるマンションをマンション未来ネットの仕事で訪問しましたが、築20年近くたっているにもかかわらず、玄関は綺麗にされており、マンション全体の空気が大変爽やかに感じました。必要な関係書類を拝見させていただきましたが、見事なくらいしっかりした管理がなされていました。当の管理人さんとお話をしていると、マンションの区分所有者の視点で働いておられることをひしひしと感じさせられました。やはり、どんな仕事も基本は働いている人の心の持ち方、ハートが重要であると改めて思い知らされました。

6　マンション管理人さんの勤務のしかた

皆さんは、マンションの管理人さんが終日同じマンションに勤務するのか、複数のマンションを担当するのかなど、どのような勤務のしかたをしているのかご存じですか。

実は、マンションの管理人さんの勤務形態には、次の3つのパターンがあります。

(1)　住込方式

これは、単身住込みもありますが、通常夫婦住込みで管理する方法です。住込みの場合、24時間の常駐管理と誤解されますが、実際は管理委託契約書の管理業務仕様書に勤務時間、休日を定め、その勤務時間内に業務を行うことと定められています。

もちろん、管理人さんのプライベートな時間や休憩時間は、当然確保されるべきです。したがって、管理会社や管理組合は、住込方式が24時間常駐管理ではないことを居住者に知らしめる必要があります。また、当然、労働基準法に抵触する勤務は、認められません。

今日、マンション管理業界においては、通勤型や巡回型が多く採用されており、住込方式管理は一定戸数以上の規模でなければ採用しない趨勢にあります。

(2)　通勤方式

管理人さんは、担当するマンションに通勤して業務を行う方式です。

この方式の場合は、住込方式のように勤務時間以外は拘束されることはないので、管理人さんの心理的負担は比較的軽いといえます。

(3)　巡回方式

管理人さんは、委託契約に基づき、担当のマンションを定期的に巡回して業務を行うものです。

この方式は、１人の管理人さんが複数のマンションの業務を担当することができるため、管理コストを抑制できるという面で効率的ですが、住込・通勤方式に比べ管理人さんの業務の範囲や内容が限定されてしまいます。

以上が代表的な執務形態ですが、マンション管理人さんの雇用には、一般的な管理会社雇用で担当マンションで仕事をするケースと、管理組合直接の雇用の２つのケースがあります。後者が年々増加する傾向であり、マンション管理組合全体の５％程度といわれています。

【図表６　管理会社の管理業務】

管理会社	管理業務	業務	内容
管理会社	管理業務	事務管理業務	出納、会計、管理運営
		管理員業務	受付、点検、立会い、報告・連絡・相談ほか
		清掃業務	日常清掃、定期清掃
		設備管理業務	エレベータ、消防設備ほか

図表７　マンション管理人さんの日常的な１日の仕事の流れ

■８時30分　出勤
■９時～１２時まで　午前業務
・受付業務　来客・各種申込・異動届・備品管理・鍵・宅配便
・清掃業務　ゴミ出し・立会い・館内・館内の掃除
・点検業務　建物・設備・施設の目視、照明・管球交換・設備作動状況
■12時～13時まで　昼休み休憩
■13時～17時まで　午後業務
・受付業務　来客・各種申込・異動届・備品管理・鍵・宅配便
・点検業務　見回り/異常個所の最終点検、警報装置/火気点検・施錠点検
・巡回業務　建物周囲の異常チェック、駐車/駐輪場の整理状況、防犯
・立会業務　臨時/定例工事・外注業者・ゴミ運搬・災害・事故
・報告義務　文書配布・掲示、各種届出・点検/立会結果・災害/事故等の顛末・管理日誌・フロント担当者への業務状況報告
■17時30分　退出

管理会社の管理業務は、図表6のようになっています。

管理会社に雇用された場合は、図表6の管理員業務がメインの仕事になりますが、管理組合に直接雇用された場合は図表6の業務を総合的に行うことになります。したがって、どちらかの雇用形態で日々の業務をこなしていくわけです。

ただし、どちらの雇用においても、管理人さんとしての基本的なスタンスは同じです。

図表7は、管理人さんの1日の仕事の流れです。詳細な業務内容までは記載していませんが、仕事のイメージは理解していただけるでしょう。

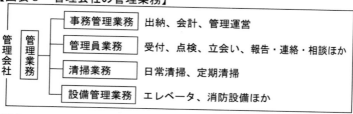

なお、不定期に実施する仕事は、次のような内容になります。

・特別清掃業務＝月に１～２回のワックス／ブラシかけ等の特別清掃
・建物検査業務＝建物・内外廊下・ＴＶ設備・敷地・屋上・建物内部の検査
・設備管理業務＝換気・排煙・非常用電気類・給排水設備・ＥＶの点検
・給排水設備管理＝水質検査・施設外観目視・浄化槽の点検清掃
・電気設備管理＝受電変電設備・制御盤・照明・タイマーの点検
・消防用設備管理＝機器・設備点検と動作確認
・機械式駐車場設備管理＝外観目視・定期点検

いかがですか、結構することが多いのに気づかれたことでしょう。

これらの業務の内容には、専門業者がやる業務も含まれています。

仕事の内容によっては、結果がすぐわかる感じのものもあります。

たとえば、館内の電球の取替えがされていなければ、誰もがすぐ気がつきます。また、館内の清掃が悪ければ、やがて苦情になるかもしれません。逆に、点検業務のように比較的結果が見えにくい業務もあります。

いずれの業務も基本的には、管理人さん１人での仕事が中心になります。それだけに、やりがいのある仕事になってくるはずです。

マンションは、共同生活ということであり、安全面を考慮すれば、設備の点検業務はきわめて大切な仕事という位置づけられています。生命を守るという視点から、消防法などで法定されている点検業務が多いのもマンション管理人さんの仕事の特徴でしょう。地味な仕事の継続が、マンションという資産を維持していくうえでは必要不可欠な要素であるといえます。

ここで、マンションの管理人さんの仕事が、マンションの資産価値を左右しかねない1例をあげておきます。日常的な清掃を例に挙げて考えてみましょう。

マンションは、不動産としての売買の対象物にもなります。購入希望者がいつなんどき下見にくるかわかりません。そのとき、玄関ホールや廊下などの清掃が行き届いていれば好印象を与えますが、その逆でごみがエントランスに散らばっていれば購入希望者はどう思うでしょうか。

マンション管理人さんがマンションの価値を左右しかねないといわれる所以が、このような身近な業務にもあるわけです。

第3章　マンションのルールブックは管理規約

1　マンションの住み方のルールブックというのは

マンションの住み方のルールブックとは何だと思われますか。意外と頭に思い浮かばないのではありませんか。

マンションには、必ず独自のマンションの規約があります。これは、国でいえば憲法に該当するものです。要するに、マンションの住人が守らなければならないルールです。そうです、マンションの住み方のルールブックは、マンションの憲法である管理規約なのです。

マンションを購入するとき、分譲業者が重要事項を説明する中で、規約の存在の告知とそれを必ず読んでくださいという話はしますが、詳しい説明は皆無かと思われます。しかし、実は、このマンションの管理規約をきちんと確認して購入すれば、今日のようなマンションの駐車場問題や騒音の問題などのトラブルはかなり防止できるはずなのです。

ところで、この規約の基本的な考え方のベースになっているのが、マンションの法律である、区分所有法とマンション管理の適正化法です。その中でも特に重要なのは、昭和37年に施行された区分所有法です。

マンションで発生するトラブルについては、弁護士に相談されるケースもあると思いますが、弁護士の受験科目の中には区分所有法は入っていないため、弁護士さんでもなかなか詳しくないのが現状なのです。

したがって、マンションで実際に管理費徴収のトラブルや隣人同士の騒音などのトラブルが発生したときなどは、管理会社主導の対応にならざるを得ません。このときの判断の基準になるのが、マンションの管理規約です。そのマンションでは、規約でどのように定めているかがポイントになります。

ただし、現在は、マンション管理のコンサルタントとして、平成13年にできた国家資格であるマンション管理士の方に相談されるのもいいと思います。

たとえば、次にあげるような、トラブルの判例の場合、あなたが管理人さんであればどう考えますか。

【判例・ペット飼育禁止の規約設定無効請求事件（東京高等裁判所：平成6年8月4日）】

■事案……区分所有者Xは、当該マンションで犬を飼育し、他の区分所有者に対して悪臭等で迷惑をかけており、再三の飼育禁止の申入れにもかかわらず飼育を続けた。そのため、管理組合Yは、犬の飼育禁止の規定を規約に設定したところ、区分所有者Xは犬飼育の禁止の規定は特定の区分所有者に影響を与えるので承諾を受けていない規約の設定は無効であるとして、その無効を求める請求を起こした。

マンション管理については、このような訴訟が実際に起きています。この訴訟の結果はどうなったのでしょうか。

この裁判は、原告請求却下となりました。裁判所は、次のような判示をしました。

「マンションにおける動物の飼育は、一般に他の区分所有者に有形無形の影響を及ぼす行為であり、一律に共同の利益に反する行為として管理規約で禁止することは区分所有法の許容するところであり、本件犬を飼うことは具体的に他の入居者に迷惑をかけたか否かにかかわらず区分所有者の利益に反する行為にあたり、一律に飼育の禁止をして、総会の決議で個別的に飼育を許容することによって対応することも合理的である」。

また、「区分所有法第31条規約の設定、変更、廃止第1項のこの場合において、規約の設定、変更又は廃止が一部の区分所有者の権利に特別の影響を及ぼすべきときは、その承諾を得なければならないという特別の影響を及ぼすときとは、盲導犬のように動物の存在が飼い主の日常生活、生存に不可欠な意味を有する格段の事情がある場合であるとし、当該事案はそのような場合にあたらないので承諾は不要である」としたのです。

その結果、この区分所有者は、マンションでペットを飼育することはできなくなります。

一般的に、マンションではペットの飼育は管理規約で禁止事項となっています。しかし、近年のマンションでは、ペット飼育を可とするところも多くなってきているようです。ここで筆者が言いたいのは、本書の読者であるマンション管理人さんや理事長や区分所有者の方は、分譲時にほとんど説明のなかったマンション特有の区分所有法などの重要な法律はある程度理解しておくべきであるということです。

現実には、分譲業者があまりにも売ることばかりに目を奪われて、購入後のマンションの住まい方のルール、すなわち管理規約等を十分説明しないため、その存在を素通りしてしまうことが購入後のマンショントラブルの大きな原因の1つになっているといえます。

それだけに、マンション管理人さんの仕事をしたいと思われた方は、このようなことをある程度理解しているかどうかで仕事の評価が相当違ってくることになると同時に、区分所有者の方に喜んでもらえることができれば、本人のモチベーションも上がり、さらなるやる気にもつながっていくことは明らかです。

２　着任したら必ずマンションの管理規約を読むこと

仮にあなたがマンション管理人さんとしてあるマンションに赴任したならば、必ずマンションの管理規約を読まれることをおすすめします。約80条近い条文ですが、本書を最後までお読みいただければ、ある程度規約の内容が理解できるようになっています。

何度も繰り返しますが、マンションのオーナーである区分所有者の方は、ほとんど読まれないで契約しているのが実態です。ですから、規約を読まれることにより、マンション全体の管理のイメージができてくるはずです。そうすれば、毎日の業務の必要性や大事な資産としてのマンションへの取組方も違ってくることでしょう。結果的には、区分所有者へ自信をもって対応できるようになってきます。

マンションの規約の中身は、ある意味、区分所有法とマンション管理の適正化法がコンパクトにまとめられたものといえます。

国土交通省が、マンションの管理組合向けにマンションの管理規約のサンプルである「マンション標準管理規約」を提示しています。本書では、巻末にそのサンプル条文を掲載しましたので、ぜひとも読んでください。

このサンプルは、インターネットで検索すれば簡単に見ることができます。

なお、駐車場使用やペット飼育のような規則については、別途「使用細則」としてまとめている組合が大半です。

3～4年勤務していく中で、マンションで信頼感が得られるようになったとき、規約の内容が実態に合わないと思われるところが出てきた場合は、理事長や管理会社のフロントの社員に改定の提案までもっていくようにすれば、絶大な信頼感が得られること間違いなしです。

3　ほとんど規約を読まないマンションの住人への接し方

もともとわが国は、契約社会ではありません。したがって、保険の場合などにも顕著に見られることですが、契約時に規約など読まないのが一般的です。筆者は、前職の22年間の生命保険会社勤務において、契約時に定款・約款をきちんと読んだ人を見たことがありません。ましてや、マンションの規約などは、ほとんど読まないのが普通ともいえます。

もし、皆さんが、マンションの管理人さんになられたら、このマンションの規約をどのように扱いますか。規約を読んでくださいと掲示板やマンションの集会等で訴えても、おそらく読まない人は読まないでしょう。読むとすれば、何かトラブルがあったときだけです。

筆者の本職は、社会保険労務士です。その関係上、会社の就業規則の作成のお手伝いもよくします。就業規則ができあがっても、従業員はなかなか読まないものです。もし、読むとすれば、賃金か休暇のところでしょう。熱心に読むのはトラブルがあったときです。

会社の就業規則は、マンションでいえば規約に該当します。マンションの規約も同じような傾向があるのです。

就業規則の周知方法としては、入社時の新入社員研修時に時間とって読ませているといった会社もよくあります。したがって、マンションの規約は、購入時に宅地建物取引士が読み上げるというような取組みがあってもいいのではないでしょうか。

実際問題として、仮に管理人さんになって赴任されても、規約など読まなくても仕事に支障はないでしょう。したがって、区分所有者の方にあえて規約のことを話されることもないかもしれません。

しかしながら、本書である程度マンション管理について理解していただき、赴任時に規約などに目を通されて勤務されるならば、マンション管理人としてテキパキと自信をもって仕事に臨めることは確かです。ましてや、第4章で詳しく解説しますが、マンション管理適正化法の改正により、マンションの管理計画認定制度が令和４年４月からスタートしますので、その役割は重要となってきます。

人間の言葉には、心の思いがどうしても現れます。管理について多少とも理解して勤務に臨めば、規約を読まない住人にも、広い心で対応することができ、それは区分所有者の方にすぐ伝播し、感じてもらえるのではないでしょうか。今度の管理人さんはいままでとは違うと受け取るはずです。

マンションを理解して勤務するのと、ただ掃除だけをすればいいと思ってきているのとでは、天と地の差ほど違ってきます。

４　規約を教え理解させることが管理のカギになる

ところで、規約をある程度理解できると、それを教えたくなるのが人情です。それを利用して、規約を啓蒙するというのはいかがでしょうか。押しつけではなく、機会あるごとに区分所有者の方々にそれとなく披露するようにもっていくのです。それを繰り返していけば、管理人さんは大事なことを教えてくれる、ありがたいといった感謝の気持ちが芽生えてくることも期待できます。管理会社の社員は、なかなかここまではできないものです。

区分所有者の方が、区分所有法や規約について多少とも理解するようになれば、結果的に無用なマンションのトラブルの減少につながってくることでしょう。

それが将来のマンションの管理にどのように影響を与えると思いますか。

人間は、基本的に、ある程度環境がよくなれば、さらによくしていこうという傾向があります。たとえば、美人の方はさらにきれいになりたいと努力しますが、美人でない女性は意外と自分をきれいにしようと努力しないような気がします。いかがですか。周りをみていただければ理解できると思います。

マンション管理は、管理人さんの手腕が最大のポイントです。その手腕を発揮して、区分所有者の意識を変えていく原動力になれば、素晴らしい環境のマンションはますますよくなっていくことでしょう。

人間の欲望を理論的に解明したアメリカの有名な学者であるマズローは、図表8の欲求5段階説を提唱しています。これは、いろいろな分野で活用されています。

その内容は、人間の欲求というのは生理的欲求→安全の欲求→親和の欲求→承認の欲求→自己実現の欲求とだんだんレベルアップしていくというものです。

当然、マンションの管理にもこの法則はあてはまります。

マンション購入時が最初の生理的欲求段階です。これは、マンションを買って、自分たちの生活の基盤がようやくできたと満足する段階です。

安全の欲求の段階は、隣近所の住人と仲よく暮らしたいというステージです。

次の段階は、マンションの中で、皆から認められたいとの親和の欲求が芽生えるステージです。

この段階までくると、住民の意識は、このマンションで快適に暮らすにはどのようにしたらよいかと考えるステージに入ります。

もし、マンションの区分所有者の意識がこのレベルまで育ってくれれば、マンションの管理も非常によくなっていくことでしょう。

【図表8　マズローの欲求5段階説】

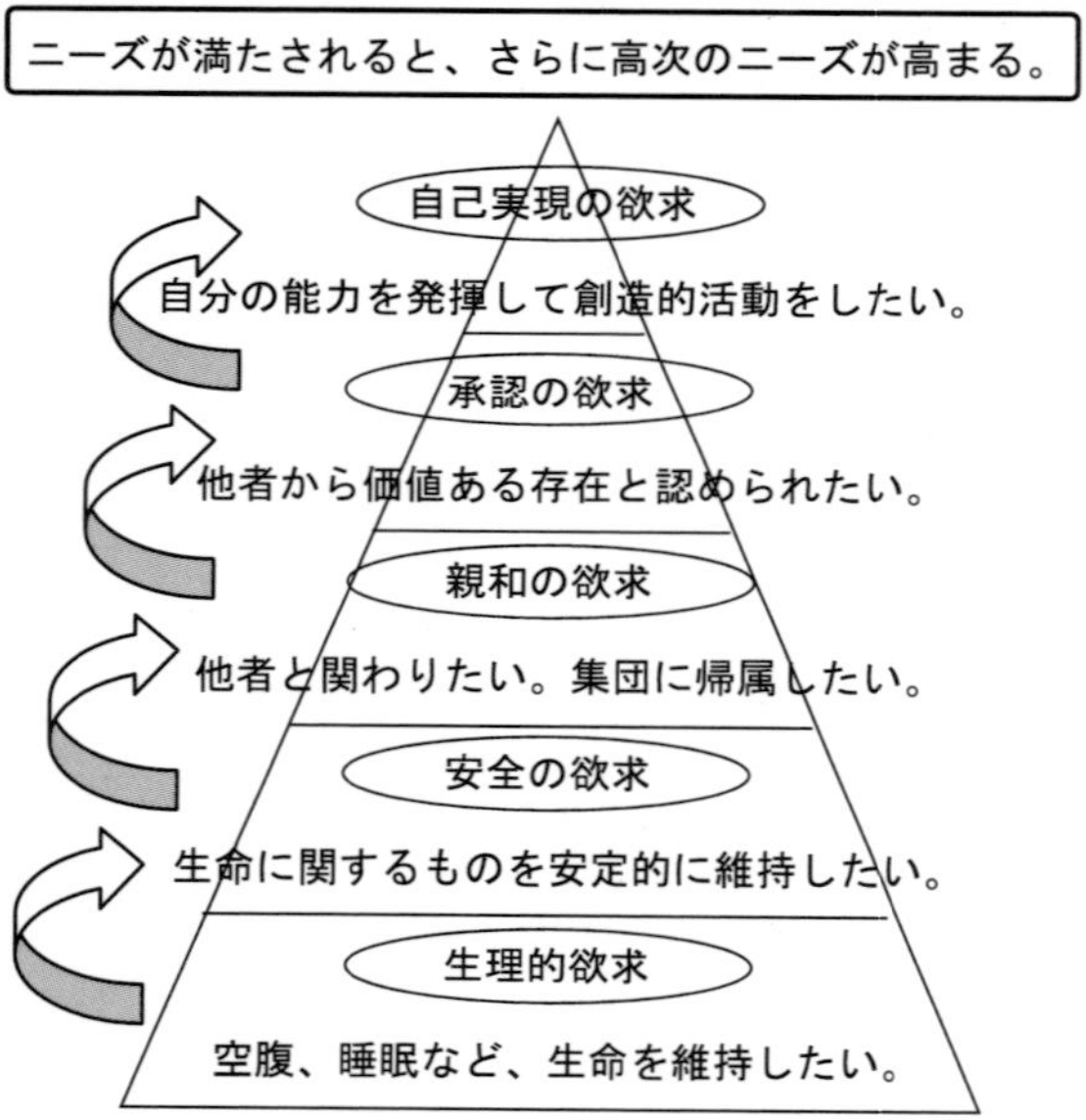

ニーズが満たされると、さらに高次のニーズが高まる。
自己実現の欲求
自分の能力を発揮して創造的活動をしたい。
承認の欲求
他者から価値ある存在と認められたい。
親和の欲求
他者と関わりたい。集団に帰属したい。
安全の欲求
生命に関するものを安定的に維持したい。
生理的欲求
空腹、睡眠など、生命を維持したい。

さらにレベルアップすれば、理事長などやってみたいという承認の欲求のステージにアップしてくるのではないかと思います。

したがって、マンション管理人さんとして赴任したならば、このマズローの欲求5段階説を意識した管理手法の考え方に立って、短期的・長期的に管理戦略を進めていくことを考えるべきでしょう。

その手段として、マンションの規約の啓蒙を活用することは、区分所有者の方々を共通の話題で結びつけることにつながり、大変重要な役割を果たすこと請合いです。

第4章

区分所有法・マンション管理の適正化法を理解しよう

夢のマイホームとしてマンションを購入した場合、自動的にそのマンションの所有者いわゆるマンションの区分所有者となります。同時に、本人の意思とは無関係に、そのマンションの管理組合員になります。すると、マンションの集会とか管理費や修繕積立金の支払い等の義務者にもなってきます。これらは、前章までに述べたように規約に定められています。それを担保する法律が、区分所有法であり、マンション管理の適正化法です。逆に言うと、マンションの管理が気に食わないから管理費を払わないといったわがままは、これらの法律等から通らなくなってくるわけです。

ところが、何度も繰り返すように、これらの法律を理解されている区分所有者はほとんどないのが実情です。したがって、マンション管理人さんがポイントだけでも上手にレクチャーしてあげればよいのではないかと紹介してきました。

そこで、次に区分所有法とマンション管理の適正化法のポイントについて説明します。

1　区分所有法とはどんな法律

まず、区分所有法上の建物について考えてみましょう。

毎日使う玄関のドアは、当然自分のものとお考えでしょうが、実は分譲マンションにおいてはドアの内側塗装部分だけが自分のものであり、ドア本体は何といわゆる共用部分になります。したがって、ドアの交換は、管理組合総会の許可・議決がないと勝手にはできないのです。ビックリされたでしょう。

このような関係は、ベランダの使用や1階のベランダに代わる庭の使用など同様です。ですから、ベランダには、基本的に私物は置けないことになっています。ただ、規約により専用使用権が与えられているだけなのです。

筆者は、33年も前になりますが、１ＬＤＫのマンションを購入して住んだことがありました。その部屋のベランダが、何と30㎡もあったのです。そこで、ベランダがもったいないと、３畳ほどの部屋をつくってしまいました。もちろん、当時は区分所有者や共用部分などという概念は一切もちあわせていないからできたことですが、いま考えると空恐ろしいことをしたものだと思います。

また、極端な話ですが、マンションの自分の部屋の柱なども共用部分ですから、部屋のリフォームのために簡単に柱を移動するといったことはできません。要するに、自分のマンションの部屋の壁内側の空間部分だけが本当の自分のものであり、その他はほとんど共用部分とされ、使用することはできるが自分が勝手に処分することはできないということです。これは、やはり、マンションという共同所有の形態をとるためには、やむを得ないことでしょう。もし、このような決まりがなければ、マンションの運営や将来の建替等はできなくなってきてしまうというのも現実です。

したがって、区分所有法では、共用部分と専用部分の関係を理解することが基本になりますが、それを図示したのが図表９、10です。

次に、区分所有法の重要ポイントに絞って解説します。

【図表９　敷地内の共用部分】

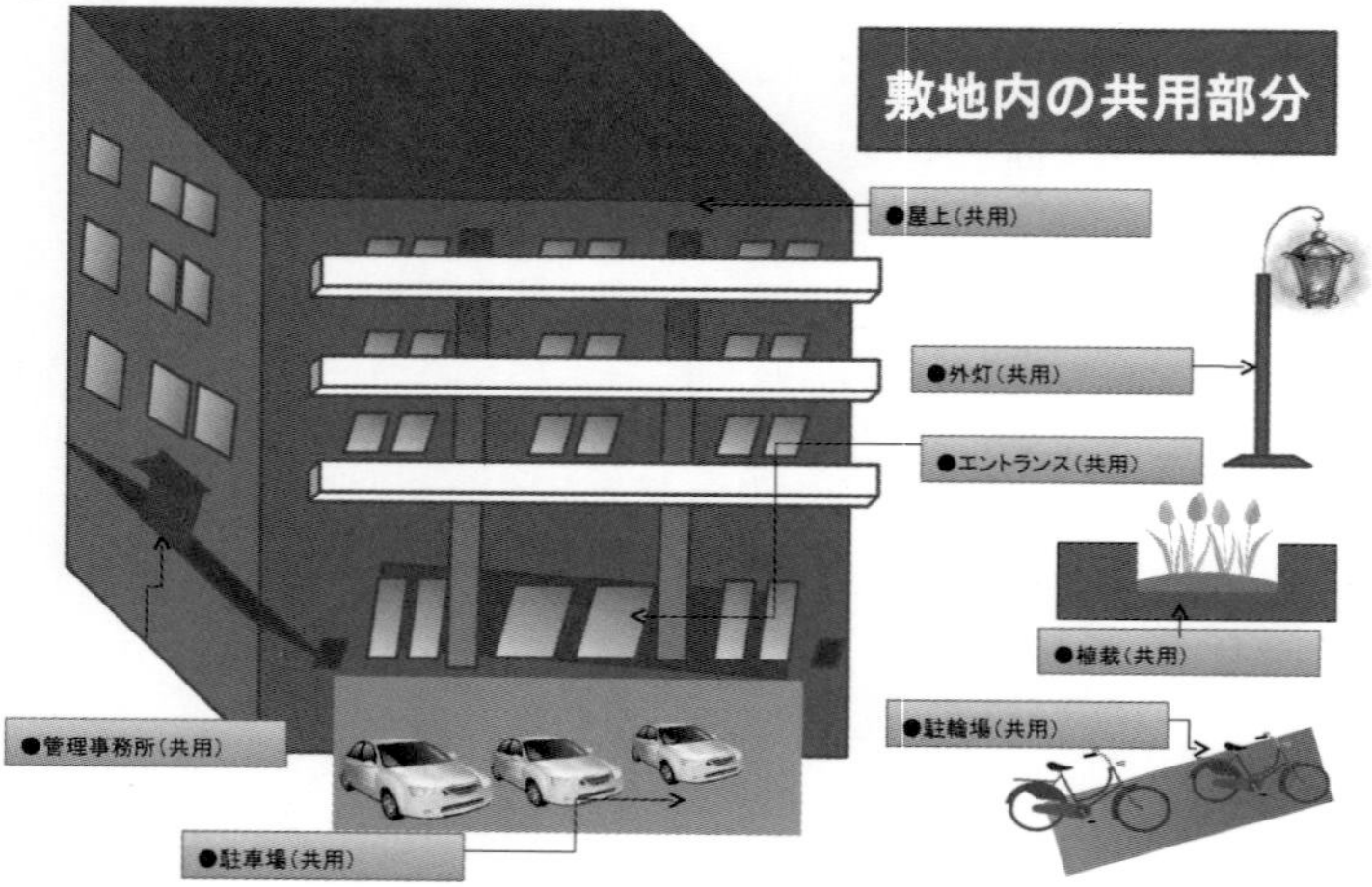

【図表10　住戸の専有部分と共用部分】

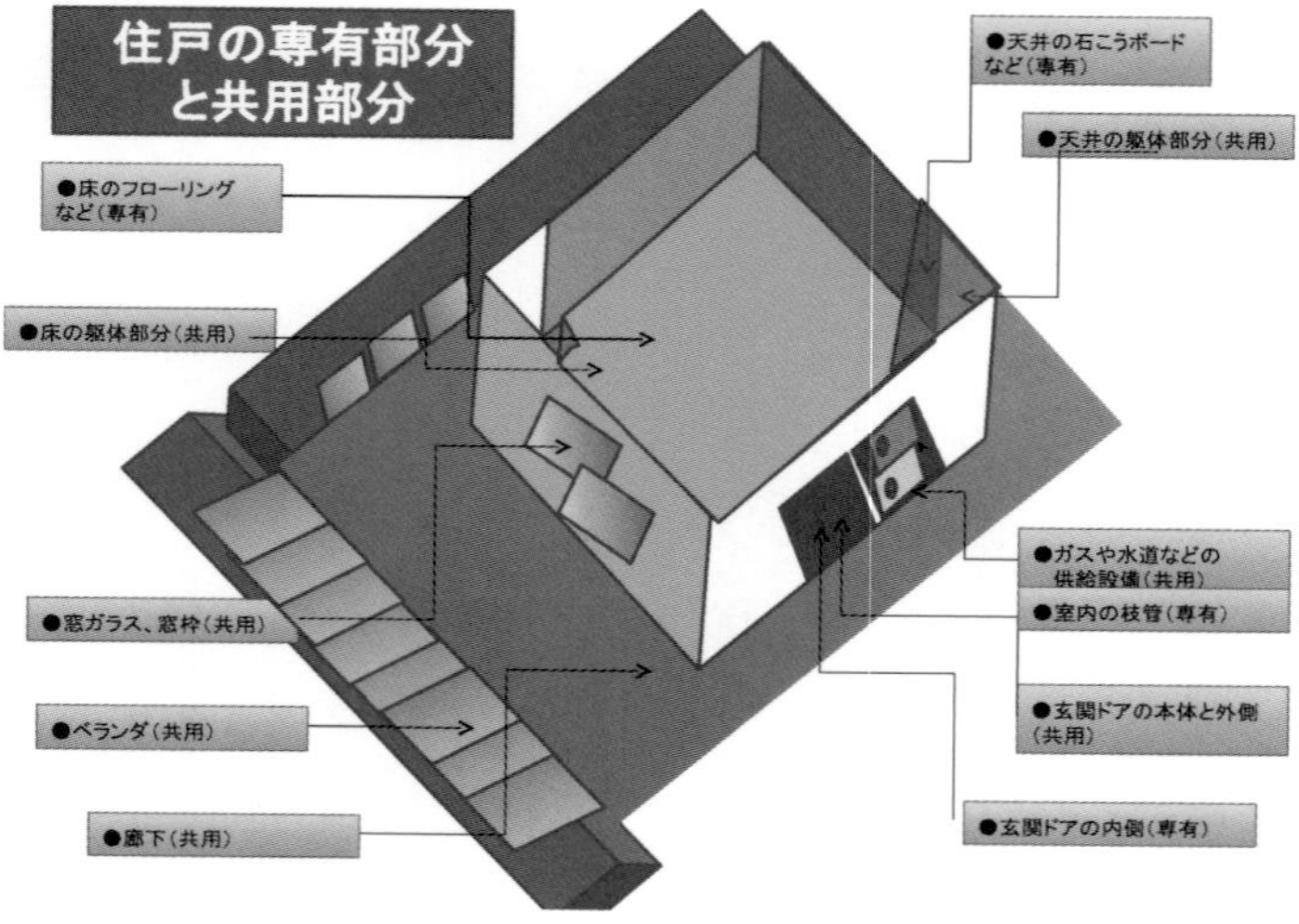

「区分所有法」

１　区分所有全体の決まりごと（総則）

（建物の区分所有）

第１条　１棟の建物に構造上区分された数個の部分で独立して住居、店舗、事務所又は倉庫その他建物としての用途に供することができるものがあるときは、その各部分は、この法律の定めるところにより、それぞれ所有権の目的とすることができる。

〈解説〉マンション独自の所有権の考え方、つまり民法の一物一権の考え方の例外で、部分所有ができると定めています。

（定義）

第２条　この法律において「区分所有権」とは、前条に規定する建物の部分（第４条第２項の規定により共用部分とされたものを除く。）を目的とする所有権をいう。

２　この法律において「区分所有者」とは、区分所有権を有する者をいう。

３　この法律において「専有部分」とは、区分所有権の目的たる建物の部分をいう。

４　この法律において「共用部分」とは、専有部分以外の建物の部分、専有部分に属しない建物の附属物及び第４条第２項の規定により共用部分とされた附属の建物をいう。

５　この法律において「建物の敷地」とは、建物が所在する土地及び第５条第１項の規定により建物の敷地とされた土地をいう。

６　この法律において「敷地利用権」とは、専有部分を所有するための建物の敷地に関する権利をいう。

〈解説〉マンションの基本用語である区分所有権は、部分所有する権利であり、専有部分とはその区分所有権の目的となっている場所をさしています。共用部分とは、それ以外の場所をさしているといえます。そして、敷地利用権とは、そのマンションの土地、敷地を利用する権利であると考えればわかりやすいと思います。

（区分所有者の団体）

第３条　区分所有者は、全員で、建物並びにその敷地及び附属施設の管理を行うための団体を構成し、この法律の定めるところにより、集会を開き、規約を定め、及び管理者を置くことができる。一部の区分所有者のみの共用に供されるべきことが明らかな共用部分（以下「一部共用部分」という。）をそれらの区分所有者が管理するときも、同様とする。

〈解説〉管理組合がなぜ成立するかの基本条文です。この条文のように。区分所有者、いわゆるオーナーになれば、必然的にマンションの管理組合の組合員になることが定められています。

（共用部分）

第４条　数個の専有部分に通ずる廊下又は階段室その他構造上区分所有者の全員又はその一部の共用に供されるべき建物の部分は、区分所有権の目的とならないものとする。

２　第１条に規定する建物の部分及び附属の建物は、規約により共用部分とすることができる。この場合には、その旨の登記をしなければ、これをもって第三者に対抗することができない。

〈解説〉共有部分は登記しなければ、取引の当事者以外の第三者に対抗できないということです。したがって、登記してなければ、第三者に対して、この部分は規約共用部分だから専有部分でないということを対抗できないということです。

（規約による建物の敷地）

第５条　区分所有者が建物及び建物が所在する土地と一体として管理又は使用する庭、通路その他の土地は、規約により建物の敷地とすることができる。

２　建物が所在する土地が建物の一部の滅失により建物が所在する土地以外の土地となったときは、その土地は、前項の規定により規約で建物の敷地と定められたものとみなす。建物が所在する土地の一部が分割により建物が所在する土地以外の土地となったときも、同様とする。

〈解説〉規約を定めることで、マンションから道路を挟んだ土地であっても、マンションの規約で敷地にすることができるという定めです。

（区分所有者の権利義務等）

第６条　区分所有者は、建物の保存に有害な行為その他建物の管理又は使用に関し区分所有者の共同の利益に反する行為をしてはならない。

２　区分所有者は、その専有部分又は共用部分を保存し、又は改良するため必要な範囲内において、他の区分所有者の専有部分又は自己の所有に属しない共用部分の使用を請求することができる。この場合において、他の区分所有者が損害を受けたときは、その償金を支払わなければならない。

３　第１項の規定は、区分所有者以外の専有部分の占有者（以下「占有者」という。）に準用する。

〈解説〉この条文は、非常に重要な箇所です。区分所有者の建物に対して保存・管理・使用に関して、その他の区分所有者に対して害を与えるような行為をしてはならないと定めた条文です。言われてみれば当たり前のことですが、この条文によりマンションの区分所有者の勝手な行動が制限されることになります。もし、行動するときは、マンションの組合の議決が必要になります。一戸建ての家のようにはいかないわけです。
もちろん、区分所有者から賃貸で借りている占有者もこの義務に従わなければならなくなります。

（先取特権）

第7条 区分所有者は、共用部分、建物の敷地若しくは共用部分以外の建物の附属施設につき他の区分所有者に対して有する債権又は規約若しくは集会の決議に基づき他の区分所有者に対して有する債権について、債務者の区分所有権（共用部分に関する権利及び敷地利用権を含む。）及び建物に備え付けた動産の上に先取特権を有する。管理者又は管理組合法人がその職務又は業務を行うにつき区分所有者に対して有する債権についても、同様とする。

2 前項の先取特権は、優先権の順位及び効力については、共益費用の先取特権とみなす。

〈解説〉基本的には、マンションの管理費等が払えない人に対して、強制的に支払いを求めることができることを定めています。

（特定承継人の責任）

第8条 前条第1項に規定する債権は、債権者たる区分所有者の特定承継人に対しても行うことができる。

〈解説〉簡単にいえば、前述の先取特権は、マンションの次の購入者に対しても行使できるということです。したがって、中古マンションを購入したとき、前の所有者が管理費を50万円滞納しているので支払ってくれと言われれば、支払わなくてはいけないということです。中古マンションを購入するときは、この部分のチェックも必要となります。

（建物の設置又は保存の瑕疵に関する推定）

第９条　建物の設置又は保存に瑕疵があることにより他人に損害を生じたときは、その瑕疵は、共用部分の設置又は保存にあるものと推定する。

〈解説〉仮にマンションの壁のタイルが落下して通行人に怪我などを負わせたときは、その原因の所在が明確にならなければ、それは区分所有者全員の責任になるとの条文です。このようなリスクを回避するため、マンションの保険に加入する必要があります。

２　共用部分等

（共用部分の共有関係）

第11条　共用部分は、区分所有者全員の共有に属する。ただし、一部共用部分は、これを共用すべき区分所有者の共有に属する。

〈解説〉共有部分は、区分所有者全員の連帯責任を負うということです。

（共用部分の使用）

第13条　各共有者は、共用部分をその用法に従って使用することができる。

〈解説〉共用部分は、規約等に定められた使用の仕方をしなさいということです。

（共用部分の持分の割合）

第14条　各共有者の持分は、その有する専有部分の床面積の割合による。

２　前項の場合において、一部共用部分（附属の建物であるものを除く。）で床面積を有するものがあるときは、その一部共用部分の床面積は、これを共有すべき各区分所有者の専有部分の床面積の割合により配分して、それぞれその区分所有者の専有部分の床面積に算入するものとする。

〈解説〉共用部分の権利の割合について定めた内容で、そのマンションの所有する専有部分の持ち分割合で決まると定めています。

（共用部分の持分の処分）

第15条　共有者の持分は、その有する専有部分の処分に従う。

２　共有者は、この法律に別段の定めがある場合を除いて、その有する専有部分と分離して持分を処分することができない。

〈解説〉共用部分は、専有部分の処分に連動するということを定めています。簡単に言えば、マンションを売れば、共用部分もそれに従って売られるということです。

（共用部分の変更）

第17条　共用部分の変更（その形状又は効用の著しい変更を伴わないものを除く。）は、区分所有者及び議決権の各４分の３以上の多数による集会の決議で決する。ただし、この区分所有者の定数は、規約でその過半数まで減ずることができる。

２　前項の場合において、共用部分の変更が専有部分の使用に特別の影響を及ぼすべきときは、

その専有部分の所有者の承諾を得なければならない。

〈解説〉共用部分の変更とは、簡単に言えば、マンションのリフォームのことです。これをするには、集会の決議がないとできないと定めた条文です。基本的には、4分の3以上の賛成が必要になるとしています。

さらに、法定の議決が得られても、それによりその区分所有者に大変な影響を与えるようなことを決議するときは、その方の承諾がないとできないことになっています。マンションの管理で大変重要な条文ですので、頭に入れておく必要があります。

（共用部分の管理）

第18条　共用部分の管理に関する事項は、前条の場合を除いて、集会の決議で決する。ただし、保存行為は、各共有者がすることができる。

〈解説〉共用部分の修繕等は、集会の決議がないとできないということです。

（共用部分の負担及び利益収取）

第19条　各共有者は、規約に別段の定めがない限りその持分に応じて、共用部分の負担に任じ、共用部分から生ずる利益を収取する。

〈解説〉共用部分、たとえば駐車場を区分所有者以外に貸して収益があるときは、その収益は前述の持分割合に応じて取得するということです。

3　敷地利用権

（分離処分の禁止）

第22条　敷地利用権が数人で有する所有権その他の権利である場合には、区分所有者は、その有する専有部分とその専有部分に係る敷地利用権とを分離して処分することができない。ただし、規約に別段の定めがあるときは、この限りでない。

〈解説〉これもマンション特有の法律です。要するに、マンションを売買したときは、敷地利用権も同時に移転し、マンションの敷地利用権だけの分離売買はできないということです。

4　管理者

（選任及び解任）

第25条　区分所有者は、規約に別段の定めがない限り集会の決議によって、管理者を選任し、又は解任することができる。

2　管理者に不正な行為その他その職務を行うに適しない事情があるときは、各区分所有者は、その解任を裁判所に請求することができる。

〈解説〉マンションの理事長は、区分所有者が選任して、解任することもできるという定めです。

（委任の規定の準用）

第28条　この法律及び規約に定めるもののほか、管理者の権利義務は、委任に関する規定に従う。

〈解説〉管理者、いわゆる理事長は、民法でいうところの委任契約の関係になるということです。

5　規約及び集会

（規約事項）

第30条　建物又はその敷地若しくは附属施設の管理又は使用に関する区分所有者相互間の事項は、この法律に定めるもののほか、規約で定めることができる。

〈解説〉この区分所有法などに定めた事項以外のことについては、マンション独自の規約で定めなさいということです。

（規約の設定、変更及び廃止）

第31条　規約の設定、変更又は廃止は、区分所有者及び議決権の各４分の３以上の多数による集会の決議によってする。この場合において、規約の設定、変更又は廃止が一部の区分所有者の権利に特別の影響を及ぼすべきときは、その承諾を得なければならない。

〈解説〉規約の設定・変更・廃止は、集会の議決で区分所有者および議決権の各4分の3以上の決議がなければできないと定められています。

（規約の保管及び閲覧）

第33条　規約は、管理者が保管しなければならない。ただし、管理者がないときは、建物を使用している区分所有者又はその代理人で規約又は集会の決議で定めるものが保管しなければならない。

〈解説〉規約は理事長が保管するということです。

（集会の招集）

第34条　集会は、管理者が招集する。

２　管理者は、少なくとも毎年１回集会を招集しなければならない。

３　区分所有者の５分の１以上で議決権の５分の１以上を有するものは、管理者に対し、会議の目的たる事項を示して、集会の招集を請求することができる。ただし、この定数は、規約

で減ずることができる。

4　前項の規定による請求がされた場合において、2週間以内にその請求の日から4週間以内の日を会日とする集会の招集の通知が発せられなかったときは、その請求をした区分所有者は、集会を招集することができる。

5　管理者がないときは、区分所有者の5分の1以上で議決権の5分の1以上を有するものは、集会を招集することができる。ただし、この定数は、規約で減ずることができる。

〈解説〉マンションの集会は、毎年1回以上は開催しなければならないと定められています。

（招集の通知）

第35条　集会の招集の通知は、会日より少なくとも1週間前に、会議の目的たる事項を示して、各区分所有者に発しなければならない。ただし、この期間は、規約で伸縮することができる。

〈解説〉集会は、開催日の少なくても1週間前に案内をしなければならないとされています。

（招集手続の省略）

第36条　集会は、区分所有者全員の同意があるときは、招集の手続を経ないで開くことができる。

〈解説〉小さなマンションなどでは、区分所有者も少ないので、全員の同意があれば集会を所定の手続なしで開催できるという定めです。

（議事）

第39条　集会の議事は、この法律又は規約に別段の定めがない限り、区分所有者及び議決権の各過半数で決する。

〈解説〉集会の決議がマンションの重要事項でなければ、原則、過半数で決議できるとの定めです。

（議決権行使者の指定）

第40条　専有部分が数人の共有に属するときは、共有者は、議決権を行使すべき者１人を定めなければならない。

〈解説〉マンションを夫婦で共有所有しているときなどは、集会の決議にあたってはどちらか1人がその権利を行使するという定めです。


（議長）

第41条　集会においては、規約に別段の定めがある場合及び別段の決議をした場合を除いて、管理者又は集会を招集した区分所有者の１人が議長となる。

〈解説〉集会の開催においては、議長の任命が必要との定めです。


（議事録）

第42条　集会の議事については、議長は、書面又は電磁的記録により、議事録を作成しなければならない。

〈解説〉集会時には、必ず議事録の作成が必要になります。


（事務の報告）

第43条　管理者は、集会において、毎年１回一定の時期に、その事務に関する報告をしなければならない。

〈解説〉理事長は、集会で、毎年1回は仕事の報告をしなければならないと定められています。


（占有者の意見陳述権）

第44条　区分所有者の承諾を得て専有部分を占有する者は、会議の目的たる事項につき利害関係を有する場合には、集会に出席して意見を述べることができる。

2　前項に規定する場合には、集会を招集する者は、第35条の規定により招集の通知を発した後遅滞なく、集会の日時、場所及び会議の目的たる事項を建物内の見やすい場所に掲示しなければならない。

〈解説〉マンションを区分所有者から借りている方についても、マンションの管理において利害関係が起きてくるときは、集会に参加して意見を言うことができます。

（規約及び集会の決議の効力）

第46条　規約及び集会の決議は、区分所有者の特定承継人に対しても、この効力を生ずる。

2　占有者は、建物又はその敷地若しくは附属施設の使用方法につき、区分所有者が規約又は集会の議決に基づいて負う義務と同一の義務を負う。

〈解説〉集会の決議は、その決議があった後に購入した方にも効力は発生します。買う前の決議だから関係ないとはいえないことになります。

また、そのマンションを区分所有者から借りている人も、区分所有者同様の使用方法について義務を負うということです。したがって、マンションを借りているのだから何をしてもかまわないという理屈は通りません。

6　管理組合法人

（成立等）

第47条　第3条に規定する団体は、区分所有者及び議決権の各4分の3以上の多数による集会の決

議で法人となる旨並びにその名称及び事務所を定め、かつ、その主たる事務所の所在地において登記をすることによって法人となる。

〈解説〉管理組合は、集会の決議により法人化することも可能との定めです。法人にしたから、未法人の従来の管理組合とその内容が大きく変わるものではありませんが、財産の明確な区分または対外的な信用という面で違いが生じます。

（名称）

第48条　管理組合法人は、その名称中に管理組合法人という文字を用いなければならない。

２　管理組合法人でない者は、その名称中に管理組合法人という文字を用いてはならない。

〈解説〉名称には、「管理組合法人」という文字を入れろという定めです。

（理事）

第49条　管理組合法人には、理事を置かなければならない。

〈解説〉管理組合法人は、必ず理事を設置することとなっています。

（監事）

第50条　管理組合法人には、監事を置かなければならない。

〈解説〉管理組合法人は、必ず監事を設置することとなっています。

（監事の代表権）

第51条　管理組合法人と理事との利益が相反する事項については、監事が管理組合法人を代表する。

〈解説〉監事は、理事のお目付役の役割を果たすこととなります。

（事務の執行）

第52条　管理組合法人の事務は、この法律に定めるもののほか、すべて集会の決議によって行う。ただし、この法律に集会の決議につき別の定数が定められている事項及び第57条第２項に規定する事項を除いて、規約で、理事その他の役員が決するものとすることができる。

２　前項の規定にかかわらず、保存行為は、理事が決することができる。

〈解説〉管理組合法人の事務は基本的にはすべて集会の決議が必要ですが、運営上理事会で日常的な事務は実施してもいいと定めています。

（区分所有者の責任）

第53条　管理組合法人の財産をもってその債務を完済することができないときは、区分所有者は、第14条に定める割合と同一の割合で、その債務の弁済の責めに任ずる。ただし、第29条第１項ただし書に規定する負担の割合が定められているときは、その割合による。

〈解説〉管理組合法人がその財産をもっても債務を返済できないときは、最終的には区分所有者が責任をとるとの定めです。

（特定承継人の責任）

第54条　区分所有者の特定承継人は、その承継前に生じた管理組合法人の債務についても、その区分所有者が前条の規定により負う責任と同一の責任を負う。

〈解説〉マンションの区分所有者から購入した方も同じ責任を負うとの定めです。

（解散）

第55条　管理組合法人は、次の事由によって解散する。

一　建物（一部共用部分を共用すべき区分所有者で構成する管理組合法人にあっては、その共用部分）の全部の滅失
二　建物に専有部分がなくなったこと
三　集会の決議
２　前項第３号の決議は、区分所有者及び議決権の各４分の３以上の多数でする。

〈解説〉管理組合法人は、集会の決議があれば解散もできるという定めです。

（残余財産の帰属）
第56条　解散した管理組合法人の財産は、規約に別段の定めがある場合を除いて、第14条に定める割合と同一の割合で各区分所有者に帰属する。

〈解説〉解散法人に残余財産があれば、区分所有者に帰属します。

７　義務違反者に対する措置

（共同の利益に反する行為の停止等の請求）
第57条　区分所有者が第６条第１項に規定する行為をした場合又はその行為をするおそれがある場合には、他の区分所有者の全員又は管理組合法人は、区分所有者の共同利益のため、その行為を停止し、その行為の結果を除去し、又はその行為を予防するため必要な措置を執ることを請求することができる。

〈解説〉この規定はあまり知られていないようですが、分譲マンションでは、区分所有者や占有者がその他の区分所有者に対して共同の利益に反する行為やそのおそれがあるときは、その行

為を停止したり、その結果を除去したりすることができると定めています。これは非常に重要な条文で、マンションで目に余る行為をする方がいるときは、その行為をやめてもらうことができるという定めです。

（使用禁止の請求）

第58条　前条第1項に規定する場合において、第6条第1項に規定する行為による区分所有者の共同生活上の障害が著しく、前条第1項に規定する請求によってはその障害を除去して共用部分の利用の確保その他区分所有者の共同生活の維持を図ることが困難であるときは、他の区分所有者の全員又は管理組合法人は、集会の決議に基づき訴えをもって、相当の期間の当該行為に係る区分所有者による専有部分の使用の禁止を請求することができる。

〈解説〉これは、ある区分所有者が、たとえばマンションの通路に私物を置いたり、異常な音楽演奏等の騒音などにより、前条の請求によっても、他の人たちの共同生活の障害になる場合は、集会の特別決議（4分の3以上）でその使用禁止を求めることができるという定めです。これも非常に重要な条文です。

参考にこの関係条文に基づいた判例を紹介しておきます。

判例・サンルーム撤去請求事件（京都地方裁判所判決・昭和53年3月16日）

「事案」

区分所有者Yは、専有部分に接し専用仕様が認められているルーフサンテラスに設置してあったY所有の屋外空調機を避難梯子のすぐそばの共用部分に移設した。

管理組合Xは、管理規約でバルコニーに構造物を設置することは禁止されており、ルーフテラスはバルコニーと構造上、機能上同一であるとして、管理規約に定められた違反行為の差し止め及び妨害排除の規定に基づきサンルーム、屋外空調機の撤去を求め訴訟を起こした。

「判決要旨」

裁判所は、原告の請求を認め。Yに対してサンルームと屋外空調機撤去の判決を言い渡した。

管理規約上、ルーフテラスについての明示の規定はないが、専用使用権が認められた共用部分であり、構造上避難場所としての役割を果たしている。したがって、バルコニーと同様の性質を有し、管理規約上はバルコニーと同様の利用形態に制限するべきである。

Yは、ルーフテラスにコンクリートを上積みしアルミサッシ枠を設けてガラスを組み入れ風雨が入り込まないようにし、床にタイルを張って椅子、机等を置いて利用しているが、このような構造は、ルーフテラスが非常時に果たす役割の重要性に照らし、管理規約で禁止されている構造物に該当する。屋外空調機の設置場所は、Yに専用使用権が認められていない共用部分で避難梯子のすぐそばであり、非常時に障害となることが予測される。

したがって、非常時の重要性に照らし、管理規約に定められた目的に従った使用に違反する。

（区分所有権の競売の請求）

第59条　第57条第1項に規定する場合において、第6条第1項に規定する行為による区分所有者の共同生活上の障害が著しく、他の方法によってはその障害を除去して共用部分の利用の確保その他の区分所有者の共同生活の維持を図ることが困難であるときは、他の区分所有者の全員又は管理組合法人は、集会の決議に基づき、訴えをもって、当該行為に係る区分所有者の

区分所有権及び敷地利用権の競売を請求することができる。

〈解説〉　これもマンション独自の強行制裁の1つです。

たとえば、暴力団の集団傷害事件によってマンションから出ていく居住者が続出して、共同生活に重大な支障があるときなど、暴力団が所有するマンションの事務所を競売請求するといったケースなどがあります、

ただし、これは、集会の特別決議（4分の3）を行った上で、裁判の手続を経て実施することになります。マンションの制裁の中ではもっとも厳しい内容の定めです。マンションの権利そのものを奪ってしまうというものだからです。

（占有者に対する引渡し請求）

第60条　第57条第4項に規定する場合において、第6条第3項において準用する同条第1項に規定する行為による区分所有者の共同生活上の障害が著しく、他の方法によってはその障害を除去して共用部分の利用の確保その他の区分所有者の共同生活の維持を図ることが困難であるときは、区分所有者の全員又は管理組合法人は、集会の決議に基づき、訴えをもって、当該行為に係る占有者が占有する専有部分の使用又は収益を目的とする契約の解除及びその専有部分の引渡しを請求することができる。

〈解説〉　マンションに借りている占有者でも、共同の利益に反する行為があるときは、これもマンションの集会の特別決議で、裁判上の手続を経て、その賃貸借契約を解除することによりマンションから出て行ってもらうこともできることが定められています。このような規定は、借地借家法にはないもので、ある意味では借地借家法より厳しい内容といえます。

８　復旧及び建替え

（建物の一部が滅失した場合の復旧等）

第61条　建物の価格の２分の１以下に相当する部分が滅失したときは、各区分所有者は、滅失した共用部分及び自己の専有部分を復旧することができる。ただし、共用部分については、復旧の工事に着手するまでに第３項、次条第１項又は第70条第１項の決議があったときは、この限りでない。

〈解説〉いわゆる復旧・建替えに関する定めです。建物価格の2分の1以下に相当する復旧のときは、各区分所有者は各自で修繕ができるとされています。

（建替え決議）

第62条　集会においては、区分所有者及び議決権の各５分の４以上の多数で、建物を取り壊し、かつ、当該建物の敷地若しくはその一部の土地又は当該建物の敷地の全部若しくは一部を含む土地に新たに建物を建築する旨の決議（以下「建替え決議」という。）をすることができる。

〈解説〉これは、いわゆる建替え要件の条文です。集会の決議で最もキツイ5分の4要件が条件になっています。したがって、10戸区分所有者のマンションであれば、８人以上の区分所有者の同意がないと建替えができないということです。逆にいえば、３人の反対者がいれば、そのマンションは永遠に建替えはできないということになります。

（区分所有権等の売渡し請求等）

第63条　建替え決議があったときは、集会を召集した者は、遅滞なく、建替え決議に賛成しなかっ

た区分所有者（その承継人を含む。）に対し、建替え決議の内容により建替えに参加するか否かを回答すべき旨を書面で催告しなければならない。

〈解説〉この条項もあまり知っている方は少ないと思います。これは、前述の建替え決議に賛成しなかった区分所有者に対して、決議が成立したときはそのマンションを強制的に売り渡してもらうことが定められております。ですから、建替えに反対した方は、反対してもこの売渡請求権によってそのマンションから出ていかなければならないともいえるわけです。

したがって、マンションは、結局、一戸建の建物の所有権とか、土地所有権のような所有権絶対というような考えは当てはまらないのです。このことは、販売時に、分譲業者が、「区分所有権は絶対でない、多数決で行く末は決まる」ときちんと説明すべきなのです。しかし、業者は、それをスポイルしています。

さらには、管理組合員になった場合の「一票」の議決権の持つ意味さえ説明されず、購入後その意味を知るというのが現状でしょう。

こんな法律があることを知っていましたか。

どんな区分所有者の方も、50年近く経過すれば、やがて建替えの時期がやってくることになります。そのとき、マンションの建替えに反対で、マンションの権利から離脱したいという希望であれば、この売渡請求権の行使によりマンションの権利から離脱することもできます。

ということは、投資用マンションやいずれはマンションの権利から離脱したいと考えている方であれば、あらかじめこの時期を計算に入れて購入するといったこともできるわけです。

いかがですか。マンションの基本法区分所有法のイメージがいくらか湧いてきたのではないでしょうか。

マンションの管理に従事される方は、これらの条文をある程度理解しているだけでも業務の進め方は大きく相違してくるはずです。

2　マンション管理の適正化法とはどんな法律

この法律は、平成13年に施行された法律です。マンションの管理組合によるマンション管理の適正化を目指すために、マンション管理士制度やマンション管理適正化センターの設立、マンション管理業の指定法人の設立などが定められ、それによりマンションの法整備が大幅に強化されました。

ここでは、適正化法の主要ポイントに絞って解説していきます。前述の区分所有法とこの法律の基本的な箇所が理解できれば、マンション管理についての理解はさらに深まると思います。

今回の改訂版では、第3条と第5条に改定されたマンション管理適正化推進計画におけるマンションの管理計画認定計画についての条文を記載しています。令和4年4月から改正スタートし、マンション管理人さんの管理業務の重要性は今後益々重要となってくるものと思われます。

「マンション管理の適正化法」

1　全体の決まりごと（総則）

（目的）

第1条　この法律は、土地利用の高度化の進展その他国民の住生活を取り巻く環境の変化に伴い、多数の区分所有者が居住するマンションの重要性が増大していることに鑑み、基本方針の策定、マンション管理適正化推進計画の作成及びマンションの管理計画の認定並びにマンション管理士の資格及びマンション管理業者の登録制度等について定めることにより、マンションの管理の適正化の推進を図るとともに、マンションにおける良好な居住環境の確保を図り、もって国民生活の安定向上と国民経済の健全な発展に寄与することを目的とする。

（定義）

第2条　この法律において、次の各号に掲げる用語の意義は、それぞれ当該各号の定めるところによる。

1　マンション　次に掲げるものをいう。

イ　2以上の区分所有者（建物の区分所有等に関する法律（昭和37年法律第69号。以下「区分所有法」という。）第2条第2項に規定する区分所有者をいう。以下同じ。）が存する建物で人の居住の用に供する専有部分（区分所有法第2条第3項に規定する専有部分をいう。以下同じ。）のあるもの並びにその敷地及び附属施設

ロ　一団地内の土地又は附属施設（これらに関する権利を含む。）が当該団地内にあるイに掲げる建物を含む数棟の建物の所有者（専有部分のある建物にあっては、区分所有者）の共有に属する場合における当該土地及び附属施設

2　マンションの区分所有者等　前号イに掲げる建物の区分所有者並びに同号ロに掲げる土地及び附属施設の同号ロの所有者をいう。

３　管理組合　マンションの管理を行う区分所有法第３条若しくは第65条に規定する団体又は区分所有法第47条第１項（区分所有法第66条において準用する場合を含む。）に規定する法人をいう。

４　管理者等　区分所有法第25条第１項（区分所有法第66条において準用する場合を含む。）の規定により選任された管理者又は区分所有法第49条第１項（区分所有法第66条において準用する場合を含む。）の規定により置かれた理事をいう。

５　マンション管理士　第30条第１項の登録を受け、マンション管理士の名称を用いて、専門的知識をもって、管理組合の運営その他マンションの管理に関し、管理組合の管理者等又はマンションの区分所有者等の相談に応じ、助言、指導その他の援助を行うことを業務（他の法律においてその業務を行うことが制限されているものを除く。）とする者をいう。

６　管理事務　マンションの管理に関する事務であって基幹事務（管理組合の会計の収入及び支出の調定及び出納並びにマンション（専有部分を除く。）の維持又は修繕に関する企画又は実施の調整をいう。以下同じ。）を含むものをいう。

７　マンション管理業　管理組合から委託を受けて管理事務を行う行為で業として行うもの（マンションの区分所有者等が当該マンションについて行うものを除く。）をいう。

８　マンション管理業者　第44条の登録を受けてマンション管理業を営む者をいう。

９　管理業務主任者　第60条第１項に規定する管理業務主任者証の交付を受けた者をいう。

（基本方針）

第3条　国土交通大臣は、マンションの管理の適正化の推進を図るための基本的な方針（以下「基本方針」という。）を定めなければならない。

2　基本方針においては、次に掲げる事項を定めるものとする。

一　マンションの管理の適正化の推進に関する基本的な事項

二　マンションの管理の適正化に関する目標の設定に関する事項

三　管理組合によるマンションの管理の適正化に関する基本的な指針（以下「マンション管理適正化指針」という。）に関する事項

四　マンションがその建設後相当の期間が経過した場合その他の場合において当該マンションの建替えその他の措置が必要なときにおけるマンションの建替えその他の措置に向けたマンションの区分所有者等の合意形成の促進に関する事項（前号に掲げる事項を除く。）

五　マンションの管理の適正化に関する啓発及び知識の普及に関する基本的な事項

六　次条第一項に規定するマンション管理適正化推進計画の策定に関する基本的な事項その他マンションの管理の適正化の推進に関する重要事項

（マンション管理適正化推進計画）

第3条の2　都道府県（市の区域内にあっては当該市、町村であって第１０４条の2第1項の規定により同項に規定するマンション管理適正化推進行政事務を処理する町村の区域内にあっては当該町村。以下「都道府県等」という。）は、基本方針に基づき、当該都道府県等の区域内におけるマンションの管理の適正化の推進を図るための計画（以下「マンション管理適正

化推進計画」という。）を作成することができる。

〈解説〉この第3条が大幅に改正され、マンション管理適正化の取組みが明確にされました。それに伴い管理組合等の努力義務も第5条で課せられることになりました。したがって、令和4年4月施行ですが、マンションの管理の実務を担うマンション管理人さんの仕事は適正化の指針にそった業務内容が求められ今後益々重要となってきます。

（国及び地方公共団体の責務）

第４条　国及び地方公共団体は、マンションの管理の適正化の推進を図るため、必要な施策を講ずるよう努めなければならない。

２　国及び地方公共団体は、マンションの管理の適正化に資するため、管理組合又はマンションの区分所有者等の求めに応じ、必要な情報及び資料の提供その他の措置を講ずるよう努めなければならない。

（管理組合等の努力）

第５条　管理組合は、マンション管理適正化指針（管理組合がマンション管理適正化推進計画が作成されている都道府県等の区域内にある場合にあっては、マンション管理適正化指針及び都道府県等マンション管理適正化指針。次条において同じ。）の定めるところに留意して、マンションを適正に管理するよう自ら努めるとともに、国及び地方公共団体が講ずるマンションの管理の適正化の推進に関する施策に協力するよう努めなければならない。

（管理計画の認定）

第5条の3　管理組合の管理者等は、国土交通省令で定めるところにより、当該管理組合によるマンションの管理に関する計画（以下「管理計画」という。）を作成し、マンション管理適正化推進計画を作成した都道府県等の長（以下「計画作成都道府県知事等」という。）の認定を申請することができる。

2　管理計画には、次に掲げる事項を記載しなければならない。

一　当該マンションの修繕その他の管理の方法

二　当該マンションの修繕その他の管理に係る資金計画

三　当該マンションの管理組合の運営の状況

四　その他国土交通省令で定める事項

（認定基準）

第5条の4　計画作成都道府県知事等は、前条第1項の認定の申請があった場合において、当該申請に係る管理計画が次に掲げる基準に適合すると認めるときは、その認定をすることができる。

一　マンションの修繕その他の管理の方法が国土交通省令で定める基準に適合するものであること。

二　資金計画がマンションの修繕その他の管理を確実に遂行するため適切なものであること。

三　管理組合の運営の状況が国土交通省令で定める基準に適合するものであること。

四　その他マンション管理適正化指針及び都道府県等マンション管理適正化指針に照らして

適切なものであること。

（改善命令）

第５条の９　計画作成都道府県知事等は、認定管理者等が認定管理計画に従って管理計画認定マンションの管理を行っていないと認めるときは、当該認定管理者等に対し、相当の期限を定めて、その改善に必要な措置を命ずることができる。

〈解説〉第5条では、管理組合の具体的な管理計画の作成基準や認定基準などが記載されております。計画認定は任意ですが、今後マンションの売却等マンションの対外的な評価を考えるのであれば、この管理計画の認定を受けておくことは今後重要な取組みになってくるものと思われます。やはり、マンション管理の実務を一番担うのは、マンション管理人さんの日頃の業務の取組みがベースになってくるのではないかと思います。

２　マンション管理士の資格・試験

（資格）

第６条　マンション管理士試験（以下この章において「試験」という。）に合格した者は、マンション管理士となる資格を有する。

〈解説〉マンション管理の適正化法に基づき、平成13年にできた資格、いわゆるマンション管理のコンサルタントです。

（試験）

第７条　試験は、マンション管理士として必要な知識について行う。

2　国土交通省令で定める資格を有する者に対しては、国土交通省令で定めるところにより、試験の一部を免除することができる。

〈解説〉試験で選考するわけですが、合格率は毎年8％前後です。

（試験の実施）

第8条　試験は、毎年1回以上、国土交通大臣が行う。

3　マンション管理士の登録

（登録）

第30条　マンション管理士となる資格を有する者は、国土交通大臣の登録を受けることができる。ただし、次の各号のいずれかに該当する者については、この限りではない。

1　禁錮以上の刑に処せられ、その執行を終わり、又は執行を受けることがなくなった日から2年を経過しない者

2　この法律の規定により罰金の刑に処せられ、その執行を終わり、又は執行を受けることがなくなった日から2年を経過しない者

3　第33条第1項第2号又は第2項の規定により登録を取り消され、その取消しの日から2年を経過しない者

4　第65条第1項第2号から第4号まで又は同条第2項第2号若しくは第3号のいずれかに該当することにより第59条第1項の登録を取り消され、その取消しの日から2年を経過しない者

５　第83条第２号又は第３号に該当することによりマンション管理業者の登録を取り消され、その取消しの日から２年を経過しない者（当該登録を取り消された者が法人である場合においては、当該取消しの日前30日以内にその法人の役員（業務を執行する社員、取締役、執行役又はこれらに準ずる者をいう。次章において同じ。）であった者で当該取消しの日から２年を経過しない者）

６　心身の故障によりマンション管理士の業務を適正に行うことができない者として国土交通省令で定める者

〈解説〉マンション管理士の登録条件です。一般的に士業の場合、破産者は欠格条件になりますが、マンション管理士は例外になっています。

（マンション管理士登録証）

第31条　国土交通大臣は、マンション管理士の登録をしたときは、申請者に前条第２項に規定する事項を記載したマンション管理士登録証（以下「登録証」という。）を交付する。

〈解説〉マンション管理士は、登録証を持つことになります。

（登録の取消し等）

第33条　国土交通大臣は、マンション管理士が次の各号のいずれかに該当するときは、その登録を取り消さなければならない。

一　第30条第１項各号（第４号を除く。）のいずれかに該当するに至ったとき。

二　偽りその他不正の手段により登録を受けたとき。

2　国土交通大臣は、マンション管理士が第40条、第41条又は第42条の規定に違反したときは、その登録を取り消し、又は期間を定めてマンション管理士の名称の使用の停止を命ずることができる。

（登録の削除）
第34条　国土交通大臣は、マンション管理士の登録がその効力を失ったときは、その登録を削除しなければならない。

4　マンション管理士の義務等

（信用失墜行為の禁止）

第40条　マンション管理士は、マンション管理士の信用を傷つけるような行為をしてはならない。

〈解説〉マンション管理士の信用の定めです。


（講習）

第41条　マンション管理士は、国土交通省令で定める期間ごとに、次条から第41条の4までの規定により国土交通大臣の登録を受けた者（以下、この節において「登録講習機関」という。）が国土交通省令で定めるところにより行う講習（以下、この節において「講習」という。）を受けなければならない。

〈解説〉マンション管理士の5年に1回の講習を受ける義務を定めています。

（登録）
第41条の2　前条の登録は、講習の実施に関する事務（以下、この節において「講習事務」という。）

を行おうとする者の申請により行う。

５　マンション管理業の登録等

（登録）

第44条　マンション管理業を営もうとする者は、国土交通省に備えるマンション管理業者登録簿に登録を受けなければならない。

２　マンション管理業者の登録の有効期間は、５年とする。

３　前項の有効期間の満了後引き続きマンション管理業を営もうとする者は、更新の登録を受けなければならない。

４　更新の登録の申請があった場合において、第２項の有効期間の満了の日までにその申請に対する処分がなされないときは、従前の登録は、同項の有効期間の満了後もその処分がなされるまでの間は、なお効力を有する。

５　前項の場合において、更新の登録がなされたときは、その登録の有効期間は、従前の登録の有効期間の満了の日の翌日から起算するものとする。

〈解説〉マンション管理業者の定めですが、５年ごとに更新を受けなければならないと定められています。

（登録の申請）

第45条　前条第１項又は第３項の規定により登録を受けようとする者（以下、「登録申請者」という。）は、国土交通大臣に次に掲げる事項を記載した登録申請書を提出しなければならない。

一　商号、名称又は氏名及び住所
二　事務所（本店、支店その他の国土交通省令で定めるものをいう。以下、この章において同じ。）の名称及び所在地並びに当該事務所が第56条第1項ただし書きに規定する事務所であるかどうかの別
三　法人である場合においては、その役員の氏名
四　未成年者である場合においては、その法定代理人の氏名及び住所
五　第56条第1項の規定により第2号の事務所ごとに置かれる成年者である専任の管理業務主任者（同条第2項の規定によりその者とみなされる者を含む。）の氏名

2　前項の登録申請書には、登録申請者が第47条各号のいずれにも該当しない者であることを誓約する書面その他国土交通省令で定める書類を添付しなければならない。

（マンション管理業者登録簿等の閲覧）
第49条　国土交通大臣は、国土交通省令で定めるところにより、マンション管理業者登録簿その他国土交通省令で定める書類を一般の閲覧に供しなければならない。

〈解説〉マンション管理業者の登録簿を閲覧できる定めであります。ですから、この業者は大丈夫かといったことを調べるときに役に立つ定めです。

（名義貸しの禁止）
第54条　マンション管理業者は、自己の名義をもって、他人にマンション管理業を営ませてはならない。

〈解説〉マンション管理業者は、名義を貸すことは禁止事項になっています。

６　管理業務主任者の設置・試験・登録

（管理業務主任者の設置）

第56条　マンション管理業者は、その事務所ごとに、事務所の規模を考慮して国土交通省令で定める数の成年者である専任の管理業務主任者を置かなければならない。ただし、人の居住の用に供する独立部分（区分所有法第１条に規定する建物の部分をいう。以下同じ。）が国土交通省令で定める数以上である第２条第１号イに掲げる建物の区分所有者を構成員に含む管理組合から委託を受けて行う管理事務を、その業務としない事務所については、この限りでない。

〈解説〉管理適正化法により、マンション管理士と同様にできた資格です。管理会社で管理の専門の仕事をする方が対象です。不動産会社の宅地建物取引士のイメージといえます。

（試験）

第57条　管理業務主任者試験（以下、この節において「試験」という。）は、管理業務主任者として必要な知識について行う。

２　第７条第２項及び第８条から第10条までの規定は、試験について準用する。

〈解説〉この資格も、試験の選考になります。合格率は毎年30％前後です。

（登録）

第59条　試験に合格した者で、管理事務に関し国土交通省令で定める期間以上の実務の経験を有するもの又は国土交通大臣がその実務の経験を有するものと同等以上の能力を有すると認めたものは、国土交通大臣の登録を受けることができる。

ただし、次の各号のいずれかに該当する者については、この限りではない。
一　成年被後見人若しくは被保佐人又は破産者で復権を得ないもの
二　禁錮以上の刑に処させられ、その執行を終わり、又は執行を受けることがなくなった日から2年を経過しない者
三　この法律の規定により罰金の刑に処せられ、その執行を終わり、又は執行を受けることがなくなった日から2年を経過しない者
四　第33条第1項第2号又は第2項の規定によりマンション管理士の登録を取り消され、その取消しの日から2年を経過しない者
五　第65条第1項第2号から第4号まで又は同条第2項第2号若しくは第3号のいずれかに該当することにより登録を取り消され、その取消しの日から2年を経過しない者
六　第83条第2号又は第3号に該当することによりマンション管理業務者の登録を取り消されその取消しの日から2年を経過しない者（当該登録を取り消された者が法人である場合においては、当該取消しの日前30日以内にその法人の役員であった者で当該取消しの日から2年を経過しない者）

〈解説〉マンション管理士とほぼ同一の登録条件ですが、主任者の場合、破産者はダメになっています。

（管理業務主任者証の交付等）

第60条　前条第１項の登録を受けている者は、国土交通大臣に対し、氏名、生年月日その他国土交通省令で定める事項を記載した管理業務主任者証の交付を申請することができる。

〈解説〉この主任者も主任者証の交付を受けることとなっています。

７　業務

（重要事項の説明等）

第72条　マンション管理業者は、管理組合から管理事務の委託を受けることを内容とする契約（新たに建設されたマンションの当該建設工事の完了の日から国土交通省令で定める期間を経過する日までの間に契約期間が満了するものを除く。以下「管理受託契約」という。）を締結しようとするとき（次項に規定するときを除く。）は、あらかじめ、国土交通省令で定めるところにより説明会を開催し、当該管理組合を構成するマンションの区分所有者等及び当該管理組合の管理者等に対し、管理業務主任者をして、管理受託契約の内容及びその履行に関する事項であって国土交通省令で定めるもの（以下、「重要事項」という。）について説明をさせなければならない。この場合において、マンション管理業者は、当該説明の日の１週間前までに、当該管理組合を構成するマンションの区分所有者等及び当該管理組合の管理者等の全員に対し、重要事項並びに説明会の日時及び場所を記載した書面を交付しなければならない。

〈解説〉宅地建物取引士と同じように、重要事項を説明するときには、書面交付の義務が課せられています。

（契約の成立時の書面の交付）

第73条　マンション管理業者は、管理組合から管理事務の委託を受けることを内容とする契約を締結したときは、当該管理組合の管理者等（当該マンション管理業者が当該管理組合の管理者等である場合又は当該管理組合に管理者等が置かれていない場合にあっては、当該管理組合を構成するマンションの区分所有者等全員）に対し、遅滞なく、次に掲げる事項を記載した書面を交付しなければならない。

〈解説〉契約成立時も書面交付が義務づけられています。

（財産の分別管理）

第76条　マンション管理業者は、管理組合から委託を受けて管理する修繕積立金その他国土交通省令で定める財産については、整然と管理する方法として国土交通省令で定める方法により、自己の固有財産及び他の管理組合の財産と分別して管理しなければならない。

〈解説〉財産の分別管理の義務が定められています。この管理の問題は、非常に重要で、あいまいにすると、理事長や管理会社が修繕積立金などを使い込んでしまうといった事件になることも十分考えられます。分別管理があいまいなマンションは、結構あるのではないかと思います。

具体的な対応策としては、通帳と銀行印の管理などを日常からしっかりしておく体制づくりが必要でしょう。

（管理事務の報告）

第77条　マンション管理業者は、管理事務の委託を受けた管理組合に管理者等が置かれているときは、国土交通省令で定めるところにより、定期に当該管理者等に対し、管理業務主任者をして、当該管理事務に関する報告をさせなければならない。

〈解説〉管理業者は、定期に、管理業務主任者に管理の報告をする義務が課せられています。


（書類の閲覧）

第79条　マンション管理業者は、国土交通省で定めるところにより、当該マンション管理業の業務及び財産の状況を記載した書類をその事務所ごとに備え置き、その業務に係る関係者の求めに応じ、これを閲覧させなければならない。

〈解説〉管理業者は、関係者から事業の状況の書類の閲覧を求められたら拒めないことになっています。


（秘密保持義務）

第80条　マンション管理業者は、正当な理由がなく、その業務に関して知り得た秘密を漏らしてはならない。マンション管理業者でなくなった後においても、同様とする。

〈解説〉マンション管理業者は、事業をやめたあとも、顧客の秘密を漏らしてはならないと定められています。

8　監督
（指示）

第81条　国土交通大臣は、マンション管理業者が次の各号のいずれかに該当するとき、又はこの法律の規定に違反したときは、当該マンション管理業者に対し、必要な指示をすることができる。

一　業務に関し、管理組合又はマンションの区分所有者等に損害を与えたとき、又は損害を与えるおそれが大であるとき。

二　業務に関し、その公正を害する行為をしたとき又はその公正を害するおそれが大であるとき。

三　業務に関し他の法令に違反し、マンション管理業者として不適当であると認められるとき。

四　管理業務主任者が第64条又は第65条第1項の規定による処分を受けた場合において、マンション管理業者の責めに帰すべき理由があるとき。

〈解説〉大臣の業者に対する指示の定めです。したがって、不当な扱いを受けたときは、この条項に基づいて国土交通大臣に申し立てることができます。

（業務停止命令）

第82条　国土交通大臣は、マンション管理業者が次の各号のいずれかに該当するときは、当該マンション管理業者に対し、1年以内の期間を定めて、その業務の全部又は一部の停止を命ずることができる。

〈解説〉大臣の業務停止の定めです。

（証明書の携帯等）

第88条　マンション管理業者は、国土交通省令で定めるところにより、使用人その他の従業者に、その従業者であることを証する証明書を携帯させなければ、その者をその業務に従事させてはならない。

〈解説〉管理業者の従業員の証明書の携帯の義務規定の定めです。

９　マンション管理適正化推進センター

（指定）

第91条　国土交通大臣は、管理組合によるマンションの管理の適正化の推進に寄与することを目的として民法第34条の規定により設立された財団法人であって、次条に規定する業務（以下、「管理適正化業務」という。）に関し次に掲げる基準に適合すると認められるものを、その申請により、全国に一を限って、マンション管理適正化推進センター（以下、「センター」という。）として指定することができる。

一　職員、管理適正化業務の実施の方法その他の事項についての管理適正化業務の実施に関する計画が、管理適正化業務の適正かつ確実な実施のために適切なものであること。

二　前号の管理適正化業務の実施に関する計画の適正かつ確実な実施に必要な経理的及び技術的な基礎を有するものであること。

〈解説〉マンション管理適正化センターの定めです。

（業務）

第92条　センターは、次に掲げる業務を行うものとする。
一　マンションの管理に関する情報及び資料の収集及び整理をし、並びにこれらを管理組合の管理者等その他の関係者に対し提供すること。
二　マンションの管理の適正化に関し、管理組合の管理者等その他の関係者に対し技術的な支援を行うこと。
三　マンションの管理の適正化に関し、管理組合の管理者等その他の関係者に対し講習を行うこと。
四　マンションの管理に関する苦情の処理のために必要な指導及び助言を行うこと。
五　マンションの管理に関する調査及び研究を行うこと。
六　マンションの管理の適正化の推進に資する啓発活動及び広報活動を行うこと。
七　前各号に掲げるもののほか、マンションの管理の適正化の推進に資する業務を行うこと。

〈解説〉要するにマンションの管理を適正に行っていく機関です。

10　マンション管理業者の団体

（指定）
第95条　国土交通大臣は、マンション管理業者の業務の改善向上を図ることを目的とし、かつ、マンション管理業者を社員とする民法第34条の規定により設立された社団法人であって、次項に規定する業務を適正かつ確実に行うことができると認められるものを、その申請により、同項に規定する業務を行う者として指定することができる。

２　前項の指定を受けた法人（以下、「指定法人」という。）は、次に掲げる業務を行うものとする。
一　社員の営む業務に関し、社員に対し、この法律又はこの法律に基づく命令を遵守させるための指導、勧告その他の業務を行うこと。
二　社員の営む業務に関する管理組合等からの苦情の解決を行うこと。
三　管理業務主任者その他マンション管理業の業務に従事し、又は従事しようとする者に対し、研修を行うこと。
四　マンション管理業の健全な発達を図るための調査及び研究を行うこと。
五　前各号に掲げるもののほか、マンション管理業者の業務の改善向上を図るために必要な業務を行うこと。

３　指定法人は、前項の業務のほか、国土交通省令で定めるところにより、社員であるマンション管理業者との契約により、当該マンション管理業者が管理組合又はマンションの区分所有者等から受領した管理費、修繕積立金等の返還債務を負うこととなった場合においてその返還債務を保証する業務（以下、「保証業務」という。）を行うことができる。

〈解説〉現在、この団体は、社団法人高層住宅管理業協会が運営しています。

（保証業務の承認等）
第97条　指定法人は、保証業務を行う場合において、あらかじめ、国土交通省令で定めるところにより、国土交通大臣の承認を受けなければならない。

2　前項の承認を受けた指定法人は、保証業務を廃止したときは、その旨を国土交通大臣に届け出なければならない。

〈解説〉この団体は、修繕積立金などの保全を図る目的で、保証業務も請け負っています。

3　マンション管理人さんがマスターすべき法律の勘どころ

マンションの骨格となる法律を一読していただきましたが、その関係をまとめると、図表11～13のような位置づけになります。

区分所有法でポイントは見てきましたが、管理人さんとしてマスターすべきところは、共用部分の考え方の部分でしょう。

専有部分以外の部分のすべて（廊下・階段・玄関・バルコニー・柱・梁・屋上・外壁・基礎など）の部分が、自分勝手には使用できないことから、トラブルになったりします。

そのために管理規約があるわけですが、やはり、マンションの現場は管理人さんの手腕によるところが大です。

また、災害時などには、管理人さんのリードが人の命まで左右します

それだけに前述のマズローの5段階欲求説のように、区分所有者のステージが上昇していけば、規約も遵守され、マンションはその住まいとしての価値をますます高めていくことができます。

【図表11　区分所有法における権利関係】

分譲マンションのオーナーは、下記の権利関係を取得します。
一戸建ての土地建物の所有権とは、大きく異なります。

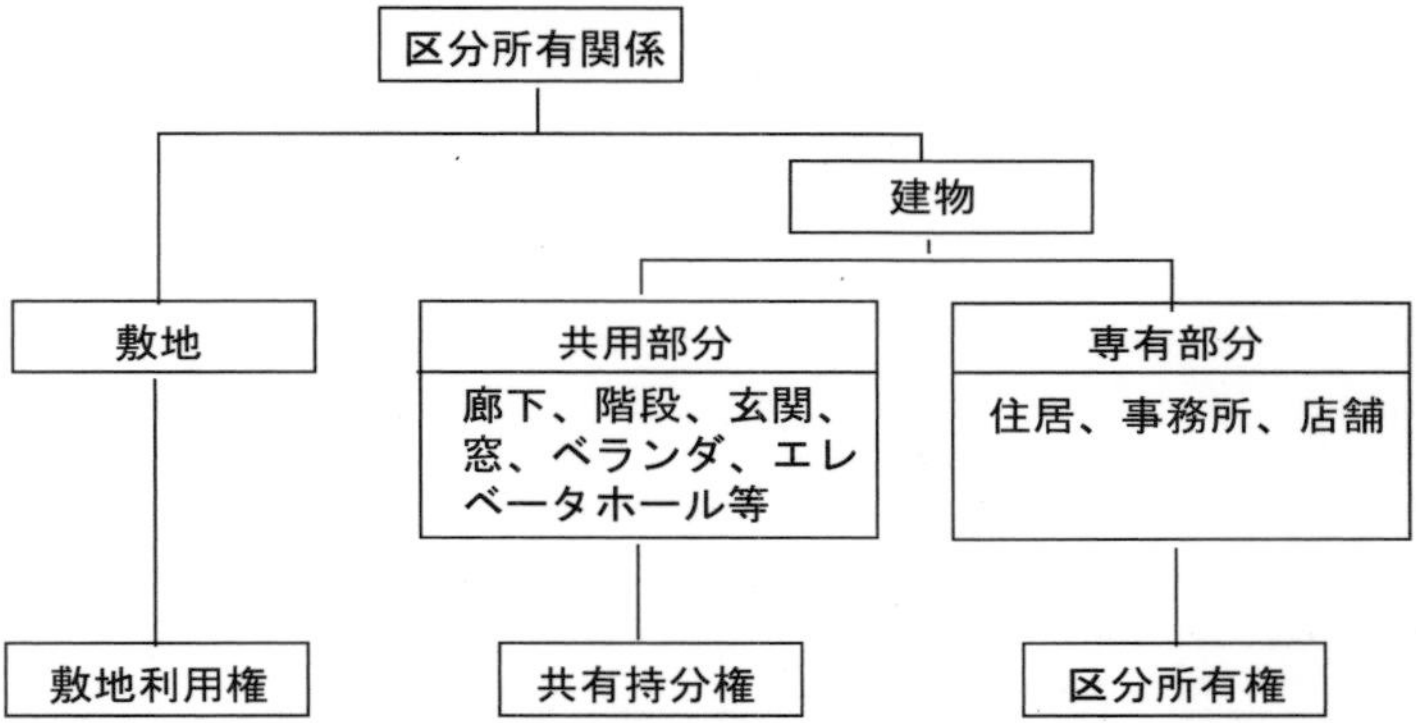

【図表12　区分所有法における管理組合のしくみ】

分譲マンションのオーナーは、本人の意思とは無関係に、管理組合の組合員になります。そして、組合員としての権利と義務が発生します。

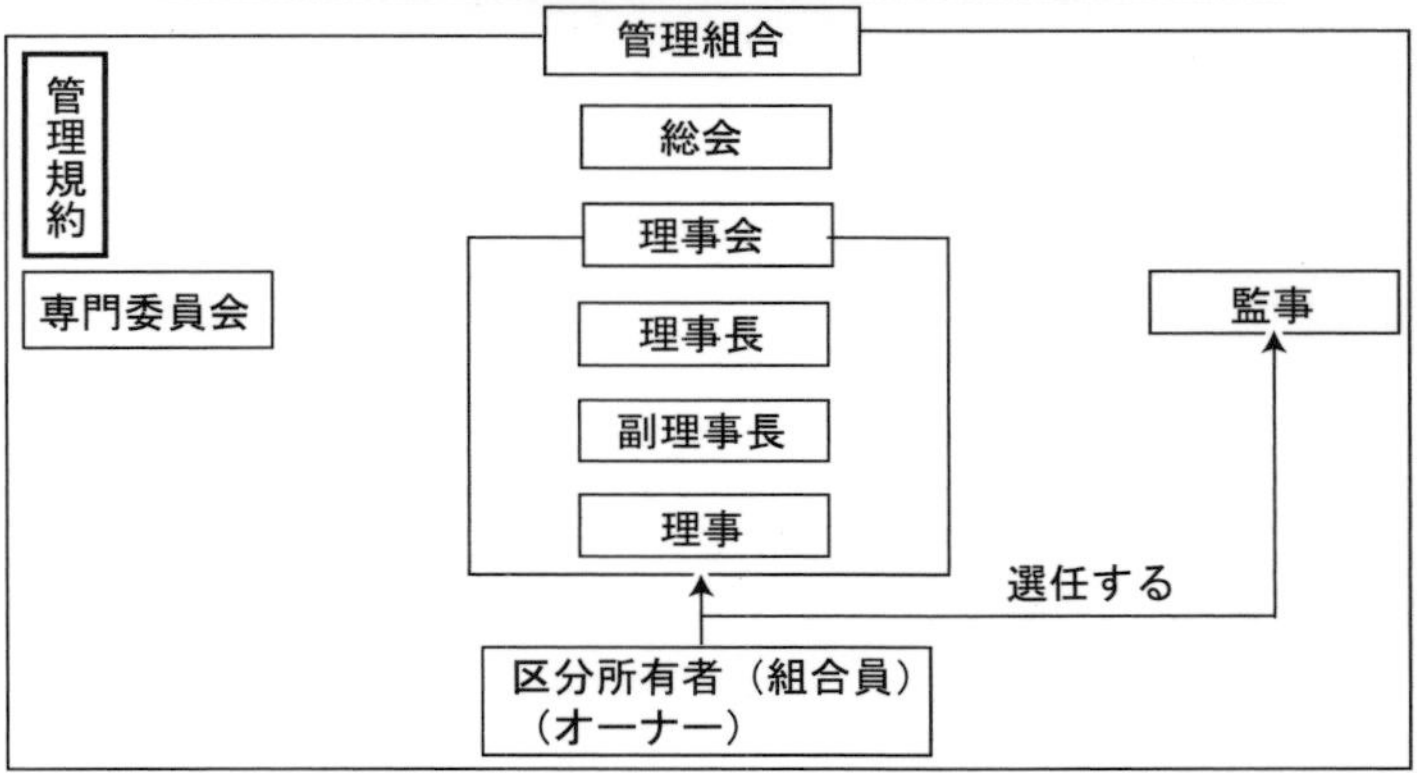

【図表13　マンション管理の適正化法とマンション管理人の関係】

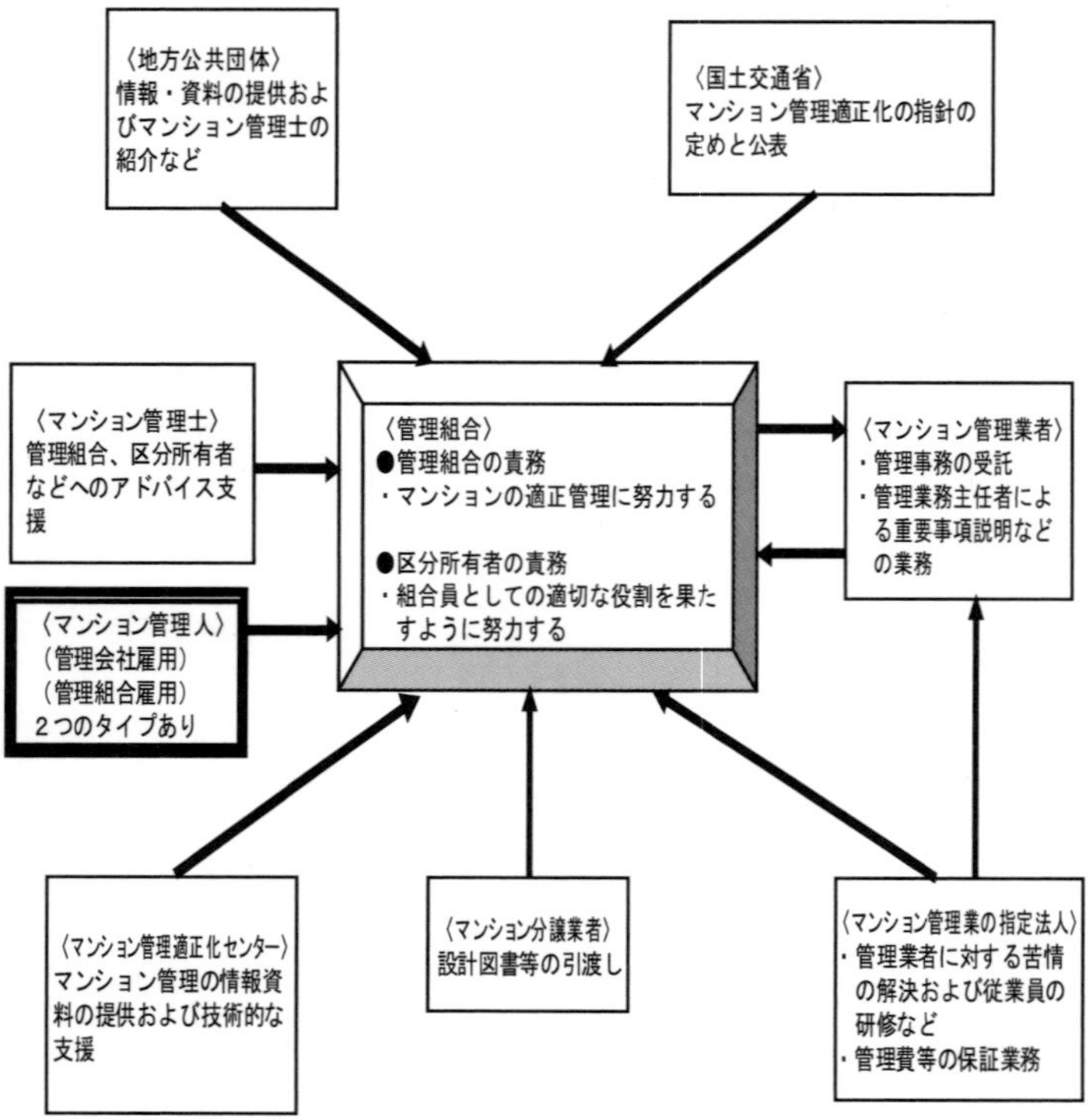
〈地方公共団体〉
情報・資料の提供およびマンション管理士の紹介など
〈国土交通省〉
マンション管理適正化の指針の定めと公表
〈マンション管理士〉
管理組合、区分所有者などへのアドバイス支援
〈管理組合〉
●管理組合の責務
・マンションの適正管理に努力する
●区分所有者の責務
・組合員としての適切な役割を果たすように努力する
〈マンション管理業者〉
・管理事務の受託
・管理業務主任者による重要事項説明などの業務
〈マンション管理人〉
（管理会社雇用）
（管理組合雇用）
２つのタイプあり
〈マンション管理適正化センター〉
マンション管理の情報資料の提供および技術的な支援
〈マンション分譲業者〉
設計図書等の引渡し
〈マンション管理業の指定法人〉
・管理業者に対する苦情の解決および従業員の研修など
・管理費等の保証業務

４　管理力向上のためにおさえておくべきツボ

読者の皆さん、マンション管理において押さえておかなければいけない重要なポイントがあります。マンションの区分所有者になればマンションが存続している限り支払わなければならない住宅ローンとは別の管理費・修繕積立金のことです。

マンションの管理組合というのは、営利を追求していく団体ではありませんが、運営していくためには経費がかかります。この経費を賄うために支払うのが管理費です。マンションの管理組合が活動していくための人間でいえば血液にあたります。

一方、マンションは、やがては建替えの時期を迎えます。このときに莫大な費用が発生します。これを毎月積み立てていくために支払うのがいわゆる修繕積立金です。

もしマンションの管理人として赴任したならば、このマンションはどのくらい修繕積立金が貯まっているかチェックしてみてください。マンションの状況により相違しますが、おそらく数百万円から数億円までプールされているはずです。

そうなんです。マンションも人間の家庭と同じように、裕福な家庭もあれば、貧乏な家庭もあるということです。マンション管理において貧乏なマンションは、思うような修繕もできず、外観の悪化のスピードは早く、マンションの劣化はどんどん進んでいってしまう可能性があります。逆に裕福なマンションでは、修繕が十分にされ、マンションもきれいに管理されるので、劣化のスピードは遅くなります。このように、マンションの管理組合が裕福であるか貧乏であるかによって、そのマンションの区分所有者の意識も随分相違してくるのです。

また、マンション修繕積立金の貯まり方は、小規模マンションかある程度の中規模以上のマンションかによっても違ってきます。

毎月1万円の修繕積立金と仮定した場合、100戸のマンションであれば1年間の総金額は1200万円ですが、20戸のマンションでは240万円です。この違いをみれば、100戸のマンションが、いかに修繕費に余裕があるかが理解できます。

したがって、話は少々逸れますが、中古マンションを購入する場合、将来の修繕も視野に入れれば、一概には言えませんが、中規模以上のマンション購入を考えるべきだということになります。いかがですか。マンション管理においては、このように管理費や修繕積立金の徴収がきわめて重要な項目です。

そのため、法律においても、管理費等を支払わない区分所有者については、管理費等の先取特権を認めているのです。

このことを理解することは、マンション管理人さんの管理力の飛躍につながると思います。

第5章　マンション管理人さんの位置関係

1　理事長はマンション管理人さんの仕事ぶりをチェックする立場

マンションの管理人さんの仕事が大変魅力ある仕事だと思っていただけるようになってきたのではないでしょうか。

マンション管理人さんは、職場では1人で仕事をすることになります。管理会社に雇用される形態が一般的ですが、自主管理によるマンションの管理組合に雇用されるケースもあります。どちらの雇用形態であっても、マンションの理事長に対する接し方は、基本的に違いません。

この理事長ですが、大きく2つのタイプがあります。

(1) とにかく持回りで義理で引き受けた

(2) マンション管理にはある程度理解があり、マンションの住人から比較的信頼が厚い

相手がどちらのタイプでも、マンション管理人さんのあなたにとっては職場の上司になるわけです。理事長さんたちが管理している管理費で賃金が支給されているということを常に忘れてはいけません。

理事長には、報告・連絡・相談……この報連相を怠らず、緊密なコミュニケーションを保つことがポイントとなります。タイムリーな情報提供は、理事長との信頼の絆へとつながっていくことになります。そして、理事長に対して、こうしたらどうですかといった提案などができるようになれ

ば、ますます信頼されてくるでしょう。

いずれにしても、どこの会社でも社長が従業員の働きぶりを評価するように、マンションでは、原則、理事長がマンション管理人さんの仕事の評価をすることになるということを頭に置いて接することが肝要です。

2　マンション管理人さんは、些細なことでも、必ず理事長に相談する

理事長との関係においては、報連相がポイントであると説明しましたが、実はこれが忘れられるケースがままあるのです。

マンション管理人さんに悪気があったり、軽視する気持ちはないのですが、管理会社の社員やマンションの理事長に何の相談もなく、独断で対応してしまうことが時にはあります。

具体的には、日常のマンションの外壁の目視点検において、若干の膨れの状況があるのを発見しておきながら、まだ大丈夫と勝手に思い込んで放置しておいたため、ある日突然外壁が落下して人を傷つけてしまったといったケースです。

話は多少飛躍しているかもしれませんが、これは十分予想される出来事です。この場合、マンションの区分所有者が全員で賠償責任を負うことになります。もし、マンション管理人さんが、発見した段階で、理事長さんやフロント社員に報告していれば、このような悲劇は防げた可能性があります。

これはあくまで一例ですが、このようなことはマンション管理の現場では起こり得るリスクの一つです。理事長への報連相は、怠らないように心掛けましょう。

3　マンション管理士とマンション管理人さんの違い

マンション管理士の資格については前章のマンション管理の適正化法の中でも紹介しましたが、これをマンション管理人さんと絡めて考えてみましょう。

マンション管理士の資格と同時に管理業務主任者という資格もできました。20年前のことです。この両資格の試験は、毎年11月と12月に実施されますが、特にシルバーの方にとって馴染みやすい国家資格ではないかと思います。ちなみに合格率は、マンション管理士が約8％、管理業務主任者が約23％前後のラインです。

このマンション管理士とは、どんな存在なのかご存じですか。一言で言えば、マンション管理のコンサルタントです。会社経営であれば、中小企業診断士といった資格があるように、いわゆるマンション管理組合のコンサルタントに該当します。

日本のマンション黎明期である60年代から70年代に建てられた物件は、現在2割程度ですが、老朽化が顕著になってきています。マンションも30年も経てば、外壁落下や漏水などがあちこちに発生します。その一方で、東日本大震災が起こり、建物の耐震性に関する意識が急激に高まってきました。その狭間で、かつて終の住み家として購入した多くの所有者は、自らの高齢化とともに、当時は予想もしなかった修繕・建替えに向けての新たな資金調達に直面してどうしていいか悩んでいる方も多くいるといわれています。

そのようなとき、マンション管理の業者サイドではない中立な立場でコンサルタントをするのが国家資格者であるマンション管理士の役割です。

近年の建替えに成功した事例の多くは、数年から数十年の年月をかけて住民が合意したものだとされています。資金的には、容積率のゆとり部分を活用しているケースが多いようです。96戸のマンションを36戸増やしてそれを新に販売することで建替費用を捻出した事例では、部屋割りは元の所有者の希望を優先し、床面積が1割少ないタイプを選べば自己負担なしで入居できるようにして所有者の合意形成を促したといいます。マンション管理士は、こうした建替えの計画や進めていく上での種々の方策の相談に乗るという仕事を展開していけます。

いずれにしても、マンション管理士の仕事は、あくまでも相談業務です。それに対して、日常的にマンションの管理を運営していく原動力は、何といってもマンションの管理人さんです。マンション管理士とは仕事の中身は異なり、対立する関係でも、マンションの管理人さんの仕事を脅かす存在でもありません。マンション管理人さんとは、立ち位置がかなり違うのです。

いかがですか。やはり、何だかんだと言っても、日常的に区分所有者が頼りにするのはマンション管理人さんなのです。輝けマンション管理人さんと叫ばずにはいられない気持ちです。

4　どうしてもわからないことは弁護士・マンション管理士等に相談する

マンション管理人さんは、独断専行は禁物です。わからないことがあれば、まず理事長や管理会社に相談することが大切です。何かトラブルがあれば、弁護士に相談と考えがちですが、それは短絡的です。筆者の知る限りでは、マンショントラブルに詳しい弁護士はまだ少ないように思えます。弁護士の受験科目にマンションの区分所有法やマンション管理の適正化法が入っていないせいでしょうか。

もちろん、弁護士にも得手不得手があり、一概に断定することはできません。また、、訴訟というようなことになれば、弁護士に相談するのが最適でしょう。

そこで、比較的気軽に相談できるのがマンション管理士です。世間では、まだ認知度は高くありませんが、マンションの管理組合にとっては大変心強い存在であると思います。

東京などの都会地では、マンション管理士が管理組合の役員になって運営するとか、マンションの規約の見直しをマンション管理士に委託しているといった例はよく聞かれるようになりました。

マンション管理人さんとしては、こうした情報も頭の中に置いて、理事長や管理会社にそれとなくアドバイスすることも存在価値を高めることにつながることでしょう。

もちろん、相談する前には、理事長や管理会社の指示のもとに相談する必要があります。

第6章　管理組合がマンション管理人さんを雇うときの労務管理

この章からは、立場を管理組合の理事長、いわゆる雇用する立場からの視点も踏まえて考えていきたいと思います。

最初に、マンション管理人さんを雇うときの、労務管理について検討してみましょう。

マンション管理組合の約9割は、管理会社に管理を委託していますから、多くのマンションでは直接管理人さんを雇用されているケースは少ないかもしれません。

しかし、仮に、管理会社に委託しているとしても、普段どのような仕事内容なのかやどのような労務管理が必要かを理解することは、マンションの管理を理解する上で参考になるはずです。

当然、自主管理の組合では、十分参考にしていただけるでしょう。

筆者が調べたところ、どこのマンション管理組合においても、マンション管理人さんを対象にした就業規則や賃金制度のようなものは、作成・運用されていないように思います

そこで、ここでは、マンション管理人さんを対象にした労務管理制度の作成依頼があったものとしてサンプルなどをいろいろ紹介していくことにします。

1　賃金相場は・年金との絡みは

賃金をいくらにするかについては、これから管理人さんの仕事にチャレンジする方やマンションを自主管理にしたいとお考えの管理組合の理事長さんには大変興味があるところでしょう。

基本的には、年金や雇用保険の高年齢者雇用継続給付などのことを考えると、60歳以上の賃金と60歳未満の賃金では大きく考え方が違ってくると思います。

まずは、最も雇用者が多いと予想される60歳以上の賃金の決め方について考えてみます。

インターネットでマンション管理人さんの求人の内容を検索して調べてみると、月額の給与は13万円から16万円で、日給月給か時給での募集になっています。そのほとんどは、週休二日制でした。これは、女性の新規求人の労働条件のレベルに一致するものです。この条件では、奥さんを養い、子供さんを育てなければならないといった一般的な男性を対象とすることは難しいでしょう。

裏返して考えれば、募集する会社は、この職種は最初から定年再雇用者を対象にしているのではないかともいえます。60歳代は年金もあり、この給与は納得できる条件かと思われます。

ただし、男性は昭和36年４月２日以後、女性は昭和41年４月２日以後生まれの方は、65歳にならないと年金が支給されませんので、その方たちの60歳代前半のときはやや厳しいといえます。

一方、定年後の60歳代の方が心配されるのは、働いた場合に年金の支給停止に引っかからないかということです。

前述したように、60歳から65歳までは年金と給与が28万円、65歳からは47万円を超えなければ、年金の一部支給停止はありません。

筆者が年金関係の相談を受けた経験からいえば、最近の中小企業の定年者の年金は、月額13万円から16万円ぐらいの範囲が一番多いようです。年金月額20万円を超えるような方は、大企業に長く勤務していたか、役所に長く勤務してきた方で、むしろ例外的なケースでしょう。女性については、月額5万円から8万円ぐらいが一番多いようです。

したがって、女性の場合はほぼ問題なし、男性の場合で60歳代前半が多少注意が必要ということになります。

うがった見方をすれば、高齢者が年金を減額されない程度の賃金を希望することが多いのでそういう水準に設定されているともいえないことはありません。

しかし、これからの高齢化社会で、前述のような水準の年金だけで生活していくのは、決して楽なものとはいえないでしょう。令和2年の国勢調査のデータでは、2人以上の一世帯平均の生活費は1か月27万7926円となっています。

したがって、定年再雇用であれば、年金とマンション管理人さんの給与の合計で27万7926円というラインは何とかクリアしていけそうです。

このように考えれば、最初にご紹介した月額13万円から16万円という金額は、うまくできている相場水準だといえます。

2 トータルでマンション管理人さんの賃金相場は受入れ可能

マンション管理人さんの賃金水準は、年金受給額と合わせれば2人以上の一世帯の平均生活費・

1か月27万7926円はクリアしています。それでも世間全体からみるとやや低いのが実情ですが、年齢等を始めとする諸要件を加味すれば、それなりに満足できる金額であるともいえます。

人が働いて得られる本当の報酬には、次の5つがあります。

① 感動（お客様からありがとうと喜んでもらえること）
② お金（豊かに生活をするため、昇給・昇格などの賃金による評価）
③ 成長（去年よりもことしの自分が成長していると実感すること）
④ 信頼（この仕事を通して、お客様に、同僚に、社長さんに評価されていると思うこと）
⑤ 人間関係（会社に勤務することにより得られることができる人間関係・絆）

そう考えると、毎月の賃金は、働いて得られる報酬の一部しかないのではないかと思えなくもありません。

したがって、毎月の賃金が多少低めでも、感動・成長・信頼・人間関係絡みの報酬が一杯もらえる可能性を秘めたマンション管理人さんの仕事は、確かな実りをもたらす仕事ではないかと考えます。

3　役所への届出事務

次は、雇う側の手続面について触れておきます。

自主管理マンションの管理を始めるにあたってマンション管理人さんを雇用すると、次のような役所への届出事務が発生します。

(1) 税務署（給与支払事務所等の開設・移転・廃止の届出）
(2) 市役所（異動届）
(3) 年金事務所（健康保険・厚生年金保険新規適用届・健康保険・厚生年金保険被保険者資格取得届）
(4) 労働基準監督署（労働保険関係成立届・労働保険概算保険料申告書）
(5) 公共職業安定所（雇用保険適用事業所設置届・雇用保険被保険者資格取得届）

これらの書類の中で記載方法がわからなければ、当該役所で直接聞けばアドバイスしてくれます。場合によっては、専門家である税理士や社会保険労務士に委託する選択肢もありますが、少ない管理費でやっていかざるを得ない組合の実情を考えれば、組合員の手で処理することをおすすめします。探してみると、組合員の中には結構詳しい方がいるものです。

なお、マンション管理人さんとして新たに雇用された場合は、それらの届が行われたかどうか、理事長等に確認してみることも必要となります。

4 社会保険に加入するかどうか

続いて社会保険（健康保険・厚生年金）の加入について考えてみましょう（図表14参照）。

社会保険については、自主管理の組合で法人にしてなければ強制加入ではありませんが、法人の

【図表14　主な社会保険制度の給付と負担】

該当する制度	費用負担の終り	給付の時期
労働者災害補償保険	退職するまで	要件に該当した都度
雇用保険	退職するまで	原則、退職時 60歳から65歳までの 雇用継続給付がある
健康保険	75歳まで (その後は後期高齢者医療へ移行)	要件に該当した都度 傷病手当金（所得補償制度)がある
厚生年金保険 (会社にお勤めの方)	原則70歳まで	老齢の年金は原則 65歳から支給 (年齢により60歳から)
国民年金(自営業など)	原則60歳まで	老齢の年金は原則 65歳から支給

管理組合であれば加入しなければなりません。

法人で社会保険の適用事業所ということになれば、以下の点を理解する必要があります。

社会保険加入は、労働条件によっても加入条件が異なります。基本的には、1週間の所定労働時間数や1か月の所定労働日数がその事業所に雇用されている通常の労働者の4分の3以上ある方が加入対象です。

簡単にいえば、1日8時間・週5日労働の事業所において1日6時間以上勤務している人は、社会保険（健康保険75歳まで・厚生年金は70歳まで）に加入しなければなりません。

1日6時間以上勤務で社会保険に加入した場合、給料の総支給が月額15万円であれば、健康保険料8933円（令和3年4月現在・石川県の場合）、厚生年金保険料1万3725円（令和3年4月現在・全国一律）、合計2万2658円が本人負担となります。同額が事業主負担になります。事業主は、年金事務所に本人負担分とほぼ同額の保険料を支払うことになるのです。

そのことを考えれば、マンション管理人さんにとっては、社会保険に加入することもメリットの1つになるといえるでしょう。

年金についても、国民年金は支払ったものとされ、その給料に応じた上乗せ部分を支払うことになります。保険料等その他の年金受給時のことも考えれば、働くのであれば社会保険の加入が必要となる労働条件で勤務し、社会保険に加入されることをお勧めします。

なお、詳細は省略しますが、自主組合でない管理会社に雇用されたときは、1日6時間以上勤務するのであれば、基本的には原則社会保険加入対象者になってくると思います。

5　雇用保険に加入するかどうか

雇用保険についても検討してみましょう（図表15参照）。

雇用保険については、社会保険のように法人かどうかは関係なく、31日間以上引き続き雇用が見込まれ、1週間の勤務時間が20時間以上であるときは、雇用保険の加入対象者になります。ですから、雇用保険はマンションの管理人さんで勤務するときは、ほとんどの方が加入対象者になると思います。

雇用保険料は、給与の支払総額が15万円であれば、その金額に1000分の3（令和3年4月1日現在）を乗じた金額、すなわち450円になります。これも社会保険と同様、その倍以上の金額

【図表15　雇用保険の失業給付】

退職に関すること		雇用保険の加入期間（被保険者であった期間）　（日数は基本手当等の給付日数）				
退職理由	退職時期	1年未満	1年以上5年未満	5年以上10年未満	10年以上20年未満	20年以上
定年または自己都合	65歳未満の退職	—	90日	90日	120日	150日
解雇等	45〜60歳未満	90日	180日	240日	270日	330日
解雇等	60〜65歳未満	90日	150日	180日	210日	240日
理由問わず	65歳以上	30日	50日	50日	50日	50日

（令和３年４月１日現在）

を事業主が負担します。

ただし、雇用保険は、65歳以上は加入対象外になります。平成29年1月1日からは65歳以上でも雇用保険に加入できることになりました。

もっとも、65歳前から勤務しているときは、雇用保険の被保険者資格は継続されます。

なお、雇用保険給付は、65歳以上で失業すると、通常の失業保険給付ではなく、一時金のみの給付になります。

一方、労災保険は、被保険者という概念はなく、雇用されれば、アルバイトであっても労災保険の対象者になります。したがって、管理人さんとして勤務する方は、すべて労災保険の対象者になります。

その結果、管理人さんとして清掃などの業務遂行中に脚立から落ちたなどのケガをしたときには、労災保険から療養費が支給され、休業せざるを得ないときは、４日目から給付基礎日額の60％相当が支給されることになります。しかも、この療養費に関しては、健康保険のように自己負担3割とかはなく、原則全額給付されます。

労災保険、雇用保険についていくらかご理解いただけましたか。要するに、雇用保険は、失業したときの給付が目的になります。図表15の給付日数も参考に検討してみてください。

6　雇用内容を決めて契約書を作成する

このコーナーでは、雇用契約書について考えてみたいと思います。

労働基準法には、労働条件明示の義務が定められています。したがって、雇用契約書は、作成することが原則です。しかし、中小企業においては、口頭の合意による契約だけというケースが多いのが実情です。

民法では、口頭の合意でも契約は成立しているものとしますので、口頭の契約が無効になるということはありません。が、口約束だけでは、往々にしてトラブルになるケースが見受けられます。

このようなトラブルを防止する観点からも、管理人さん雇用の際には、雇用契約書を作成されることをお勧めします。雇用される管理人さんの側も、環境が許せば、契約書の手交を求めるべきでしょう。

雇用契約書は、最低限次の項目を記載しなければならないとされています。

(1)　労働契約の期間に関する事項

(2)　就業の場所および従事する業務

(3)　始業・終業の時刻・所定労働時間を越える労働の有無・休憩・休日・休暇・交代制勤務に関す

【図表16　雇用契約書のサンプル】

雇用契約書		
契約期間	自令和３年４月１日至令和４年３月31日（パート等）　又は　期間の定めなし（正社員等）	
就業場所	マンションの事務所および関連施設	
従事すべき業務の内容	マンションの管理人業務	
就業時間	始業・終業の時刻	自　8 時　30 分　至　17 時　30 分
	休憩時間	12 時　00 分　より　13 時　00 分まで 時　分　より　時　分まで
休日	日曜日、国民の祝日、その他（　毎週土曜日　）	
賃金	給与区分	日給・月給・日給月給・時給・その他（　）
	基本給	（月・日・時）給　145,000 円
	諸手当	家族手当　0 円（内訳配偶者　円　子供　円） 皆勤手当　0 円（遅刻があれば支給しない） 役職手当　0 円（役職がなくなると支給しない） 通勤手当　1．全額支給　2．定額支給　5,000 円
	割増賃金率	法定時間外（　２５　）％　所定時間外（　０　）％ 法定休日（　３５　）％　法定外休日（　２５　）％ 深夜（　２５　）％
	その他条件	賞与（有・無）　昇給（有・無）　退職金（有・無）
	締切日／支払日	毎月　末　日締切　／　（当・翌）月　10 日支払
	有期契約の時の更新条件	無(更新はしない)・有(業務の都合、勤務成績・態度・能力により更新の判断をする)
その他	就業時間・休日は業務の都合により変更することがある	

年　月　日

労働者氏名　マンション太郎　印

所在地　〇〇県〇〇市〇〇

事業主　名称　〇〇マンション管理組合

氏名　理事長　管理　一郎　印

る事項

(4) 賃金の決定・計算・支払方法・賃金の締切日・支払日・昇給に関する事項

(5) 退職に関する事項（解雇の事由を含む）

参考までに、サンプルの契約書を図表16に掲載しておきます。

なお、公共職

業安定所からの紹介による60歳以上65歳未満の雇用の場合は、特定求職者雇用開発助成金といった助成金が雇用主に支給されるケースがあります。支給期間は、最初に雇用してから1年間ですが30万円ずつ2回に分けて合計60万円（短時間労働者以外の者）の支給となります（平成30年4月1日現在）。

雇用の際には、これら特典も活用すべきですが、これは雇用保険に加入していないと支給されませんので注意が必要です。

7　労働者名簿・賃金台帳・出勤簿の作成

マンション管理人さんを雇用した場合、労働者名簿・賃金台帳・出勤簿の作成が求められます。これらは、労務の世界では法定3帳簿と呼ばれています。

(1)　労働者名簿……労働基準法１０７条により、日々雇い入れられる者を除き、アルバイトなども含めてすべての労働者について作成の義務が課せられています。なお、労働者退社後3年間は保存義務があります（図表17参照）。

(2)　賃金台帳……労働基準法第１０８条により、会社は賃金を支払う都度、遅滞なく次の事項を記載した賃金台帳を作成しなければならないとされています。

・氏名
・性別

【図表17　労働者名簿のサンプル】

労働者名簿

フリガナ	マンションタロウ		性別
氏名	マンション太郎		男
生年月日	昭和25 年 4 月 1 日		
現住所	○○県○○市○○		
雇入年月日	令和３ 年 4 月 1 日		
業務の種類	マンション管理人の業務		
履歴	××××××××××××××××		
解雇・退職又は死亡	年月日	年 月 日	
	事由		
備考			

・賃金計算期間
・労働日数
・労働時間数
・非常災害等の臨時の必要もしくは時間外・休日労働の規定によって労働時間を延長し、もしくは休日に労働させた場合や午後10時から午前5時(厚生労働大臣が必要であると認める場合には、その定める地域または期間については午後11時から午前6時）までの間に労働させた場合には、その延長時間数、休日労働時間数及び深夜労働時間数

・基本給、手当その他賃金の種類毎にその額

・労働基準法24条1項の規定によって賃金の一部を控除した場合には、その額

(3) 出勤簿……会社が始業・終業の時刻を確認し記録するための書式です。過重労働対策など、労務管理において労働時間問題への対応についての重要性が増していますので、適切な方法での労働時間把握が求められています。

8　年間の労働保険・社会保険の手続と流れ

労働保険・社会保険の年間の手続は、それぞれ次のようになります。

労働保険については、毎年7月10日までに各都道府県の労働局へ1年間に支払った給与を報告することでの申告を行います。

社会保険については、4月・5月・6月の給与額を算定基礎届という書類で社会保険事務所に申告します。この算定基礎届をもとに、原則として9月からの健康保険・厚生年金の1年間の保険料が決定されます。

法人でない自主管理の組合では、社会保険の加入はしないと思われますので、労働保険の申告だ

けになるでしょう。

９　マンション管理人さんにやめてもらうときの注意点

ところで、次は、理事長さんや管理会社が、マンションの管理人さんにやめてもらうときの注意点について考えてみたいと思います。

その場合に大変重要になるのが、前述した雇用契約書です。この雇用契約書において雇用期間がどう定められているかで、取扱いが大きく変わるからです。

たとえば、期間契約で1年ごとに更新している場合は、雇用継続ができない状況であれば、更新時に期間満了で契約を終了することができます。しかし、期間の定めがない契約のときは、退職を勧奨し、それに従って自主的に退社すれば問題ありませんが、それに従わないので解雇するときに問題が生じます。

労働基準法において、解雇等に合理的な理由がない場合には、権利の乱用ということで会社が行った解雇が無効になってしまうことがあります。むしろ、解雇は、よほどの理由がなければ、裁判では負けると覚悟したほうがいいでしょう。それほど、解雇等については、労働者側が有利になっています。

したがって、管理人さんを雇用したが、当組合に合わないからというような曖昧な理由での解雇は、成立しないということです。

もし、安易に解雇して、後日、不当解雇ということで訴訟になったら、どうなると思われますか。一般的には、弁護士費用が約50万円、解決金として給与の6か月分ぐらいの解決金の支払いが求められることが多いとされています。

仮に15万円の給料であったとすれば、弁護士費用との合計で、140万円もかかってしまうことになります。

では、どうしてこのようなリスクから組合を守ればよいのでしょうか。

それは、前述したように、しっかり雇用契約書を作成しておくことが基本になってきます。

さらに、マンション管理人さんの当該マンションでの就業規則をきちんと作成しておくことです。

原則として10名未満の事業所は、就業規則の作成の義務はありませんが、このような雇用のトラブルが発生したときには、就業規則等に解雇理由等が具体的に定められているかどうかがポイントとなることも十分にあり得ます。

したがって、次章では、就業規則について詳しく説明したいと思います。

第7章

マンション管理人さんの就業規則・賃金人事制度のポイント

1 マンション管理人さんは1人で特定の事業所で勤務

マンション管理人さんの仕事は、その他の職業にはない特徴的な点があります。それは、基本1人で、担当したマンションにおいて業務をするというスタイルです。そうです。身近にライバルや先輩・後輩といった関係の人がいないということです。

したがって、ある程度自分のペースで仕事ができます。それが最高の利点だともいえます。職場では、人間関係で悩む人が多いといわれます。そのために、うつ病になったり、ノイローゼになったり、最悪のケースではストレスが原因で自殺してしまうといったことが珍しくないご時世です。

そうした観点からいえば、マンション管理人さんの仕事は、ストレスがたまりにくい、健康的な職業の1つだといえましょう。

もちろん、お客様である区分所有者の方との人間関係・コミニケーションは進んでとっていくことは当然です。

2 就業規則の重要性とそのモデル

前章では、就業規則等に規定がなければ、解雇が容易でないことを説明しました。その解雇のケースに代表されるトラブルを防止するためには、労働基準法では作成が定められていなくても、たった1人が対象であっても、きちんと就業規則を作成すべきです。

もちろん、自主管理の組合では、1人の管理人さんのための就業規則等の整備まで手が回らないという声があることは百も承知していますが、押して作成をおすすめします。

そこで、筆者は、おそらく日本で最初のマンションの管理人さん向けの就業規則となると思われるサンプルを作成してみました。一般の会社の就業規則とは、趣を異にしますが、就業規則の中に管理人さんの基本的な業務も盛り込んであるのがポイントです。もっとも、詳細な解説は紙面の関係上省略しますが、サンプル条文と簡単な解説文で構成されており、十分実用に耐えるようになっています。

もし、これをわれわれのような専門家や業者に依頼すると数十万円かかることでしょう。うちの組合もこの内容でいけると思われましたら、ぜひともご活用いただければ幸いです。

■マンション管理組合就業規則（モデル）■

（この規則の目的とするところ）

第1条　この規則は、マンション管理組合（以下、「組合」という。）の管理人さんの、採用から退職までの労働条件その他の就業に関する事項を定めたものである。

なお、この規則は、組合の機密文書であるため、所定の場所から取り外したり、複写したり、外部の者に閲覧させたり、外部に持ち出してはならないものとする。

〈解説〉この定めは、この就業規則が組合の機密文書であるということの宣言です。

（採用方針）

第2条　組合は、就業を希望する者から組合の選考により決定し、必要な書類の提出のあった者を試用期間3か月を経過した後、当組合の運営方針に同意し、適格性に問題なければ本採用とするものとする。

この規則以外の労働条件を定めたときは、個別の雇用契約書の定めに従うものとする。

〈解説〉試用期間の定めは、3か月が一般的です。もっと試用期間を延長したいということであれば、6か月でも構いません。

（始業、終業の時刻および所定労働時間）

第3条　始業、終業の時刻および休憩の時刻は、次のとおりとする。

始業　午前8時30分

終業　午後5時30分

休憩　正午～午後1時00分

始業とは、業務を開始する時刻であり、終業とは業務の終了時刻である。出社および退社の時刻ではないものとする。

１日の所定労働時間は、８時間00分とする。ただし、休憩時間、始業終業の時刻は、業務の都合により変更することがある。また、所定労働時間を超えて時間外労使協定の範囲内で労働を命じることがある。

〈解説〉始業・終業については、いろんな会社の管理人さんの求人情報を見てみると、この勤務時間が一番多いようです。したがって、仮に勤務形態が住込みの契約であっても、労働時間がこのように定められていれば、安易な気持ちで時間外に仕事の依頼をすることは慎むべきです。

もし、お願いするとなると、時間外労働の扱いとなり、時給単価の2割5分増し以上の賃金を支払わなければならないということをしっかり理解しておくべきです。

（休日および変形労働時間制）

第４条　休日は、次のとおりとする。

１　毎週土曜日・日曜日および国民の祝祭日

２　夏季休暇　３日間

年末年始休暇　５日間

3　その他組合が定める日
4　組合カレンダーがあるときはその定めによる
5　業務の都合により休日を変更することがある。
6　1年単位または1か月単位の変形労働時間制を採用するときは休日はその協定によるものとする。
7　1週間に2日以上の休日があるときは、その中の1日を法定休日とする。

〈解説〉休日の取扱いについても、記載のような組合が一般的です。原則、毎週1回以上の休日と1日8時間・週40時間の労働時間を超えないように、休日を組合の運営がしやすいように定めればいいと思います。

この規則では、毎週土曜休日にしていますが、組合の実態に応じて、1日の労働時間7時間、土曜半休・休日は土曜隔週など定めることができます。

（休日の振替）

第5条　業務の都合でやむを得ない場合は、前条の休日を2週間以内の他の日と振り替えることがある。

2　前項の場合、前日までに振替による休日を指定して管理人さんに通知する。

〈解説〉この制度は大変便利な制度です。管理人さんの休日に組合の総会をすることになったような場合、どうしても管理人さんに手伝って欲しいというようなときに、この休日の振替制度を活用することをお勧めします。

具体的には管理人さんに、日曜日出勤してもらう代わりに、次の週の水曜日に休んでもらうといったやり方をします。もし、仮に水曜日に休ませないで勤務させると休日出勤の扱いとなり、労動基準法に基づき3割5分増しの時間外労働の賃金を支払わなければならなくなります。

（年次有給休暇制度）

第６条　管理人さんに対し、本人からの請求に基づき労働基準法に定める年次有給休暇を与える。（ただし、請求が５日未満の時は、組合から時季を指定して５日未満の日数分を与える。）

そして、多忙時は、時季を変更することがある。

また、この請求は、１週間前までに理事長に申し出るものとする。

〈解説〉　年次有給休暇については、６か月以上勤務して8割以上出勤しておれば、10日間の年次有給休暇が付与されるという定めに基づくものです。これは、申請が前提ですので、管理人さんから請求がなければ付与しなくても労働基準法違反にはなりません（（　）内は、２０１９年4月から施行された改正労基法に対応したもので、組合から5日の付与が義務化されます）。

ただ、管理人さんも、年次有給休暇を取得するときは、マンションの管理がその日ストップすることにもなるわけですから、十分その辺のことも考慮して対応すべきです。

（休職の制度）

第７条　管理人さんが次に該当するときは、休職とする。

１　業務外の傷病（傷病理由を問わず）により欠勤となり１か月以上にわたるとき、または業務外の傷病による欠勤が前３か月間を通算して30日目になったときには、２か月間の休職期間を与える。その間の賃金は支給しないものとする。ただし、健康保険に加入している者は、基準を満たせば、その制度から所得補償を受けることができるものとする。

２　前項の他、特別の事情があって休職させることを必要と認めたときには、必要な範囲で組合が認める期間与えるものとする。

３　業務上の災害により、欠勤となるときは、労働基準法・労働者災害補償保険法の定めるところにより、必要な休業補償、療養補償を受けることができる。

〈解説〉休職の規定は大変重要です。病気等で休んでしまわれたとき、組合もいつまでも休まれたのでは、マンションの管理に重大な支障をきたします。

そこで、２か月間の休職期間を定めて、それでも復帰できないときは退職という制度です。このような制度がなければ、管理人さんも働いていて不安でしかたがないと思います。

（特別休暇制度）

第８条　管理人さんが、次の各号のいずれかに該当し、本人の請求があった場合に、当該事由の発生した日から起算して、それぞれの日数を限度として与える。

1　本人が結婚するとき　５日
2　子が結婚するとき　３日
3　実兄弟姉妹が結婚するとき　２日
4　実養父母、配偶者、子が死亡したとき　３日
5　配偶者の父母および兄弟姉妹が死亡したとき　２日
6　その他、組合が特に必要と認めたとき　組合が必要と認めた期間

2　特別休暇を受けようとする管理人さんは、事前または事後速やかに届け出て、組合の承認を得なければならない。なお、特別休暇の間は、賃金は支給しないものとする。ただし、申出により年次有給休暇に振り替えることができる。

〈解説〉この特別休暇制度は、いわゆる慶弔見舞制度の一種です。この休暇制度は、労働基準法に定めがないので、どのような日数でも問題ありません。
この休暇について、中小企業では無給の事業所が多いようです。

（その他の休暇等）
第９条　管理人さんは、個別の法律の定めるところにより、産前・産後休暇、生理休業、育児時間、育児休業・看護休暇、介護休暇、介護休業、公民権行使の時間を利用することができる。

2　本条の休暇等により休んだ期間については、原則として無給とする。ただし、産前産後休暇・育児休業・介護休業のときは、健康保険・雇用保険に加入している者は、基準を満たしていればその制度から所得補償を受けることができるものとする。

〈解説〉この休暇等については、労働基準法等に定めがあり、請求があれば原則として与えなければなりません。

ただし、女性保護の規定が多く、男性が多数を占める管理人さんのケースであれば、介護休業が関係してくるケースが多いと思われます。育児とか介護の場合、休業中無給のときは、雇用保険制度により申請者本人に所得補償が受けられるケースがありますので、有効に活用したいものです。

（服務および業務マニュアル規定について）

第10条　管理人さんは、常に次の事項を守り服務に精励しなければならない。この服務および業務マニュアル規定に違反するときは、懲戒処分の対象となる。

1　業務上の指揮命令および指示・注意に従い、マンション内では、積極的に明るく挨拶をすること

2　正当な理由なく遅刻、早退および欠勤等をしないこと

3　時間外の業務が必要なときは、理事長の許可を得てからすること。残業時にはダラダラ

残業はしないこと
４　組合の名誉を害し信用を傷つけるようなことをしないこと
５　組合の個人情報（以下、「組合情報」という。）を本来の目的以外に利用、漏洩（毀損、複写等を含む）し、または組合情報や組合の不利益となるような事項を他に漏らし、または私的に利用しないこと（退職後においても同様である。）
６　組合の管理するマンションの専有部分・共用部分を大切に管理し、無駄な電気代・燃料、その他の消耗品の節約に努め、モップ等の備品は大事に使うこと
７　組合の情報・資料等を傷つけたり紛失・消去等しないこと
８　業務上の都合により配置転換・転勤を命ぜられたときは、従わなければならない。
９　酒気をおびて通勤し又は勤務しないこと
10　担当マンションの整理・整頓・清潔（３Ｓ）に努め、常に清潔に保つようにすること
11　自らの安全と健康に留意し、安全衛生に関する組合の指示命令に従い、災害防止に努めること
12　作業を妨害し、又は性的言動により就業環境を悪化させるセクシャルハラスメント等の行為、その他職場の風紀秩序をみだすような行為をしないこと
13　組合の定める業務マニュアル規定に従って仕事をしなければならない。
14　前各号の他、これに準ずる管理人さんとしてふさわしくない行為をしないこと

〈解説〉この服務規律規定は、重要項目です。管理人さんの、評価のポイントとなるところであり、この規定違反は懲戒処分にも該当してきます。したがって、世間では当たり前のことを記載していますが、マンションの管理およびマンションの資産価値をどのような方向にもっていくかという理念を具象化すべきです。

（懲戒の種類、程度）

第11条　懲戒は、その情状により次の区分により行う。

1　けん責　始末書をとり、将来を戒める。

2　減給　1回の事案に対する金額が平均賃金の1日分の半額、総額が1か月の賃金総額の10分の1の範囲で行う。始末書をとりけん責に止めることもある。

3　出勤停止　7日以内で出勤を停止し、その期間中の賃金は支払わない

4　懲戒解雇　予告期間を設けることなく即時解雇する。

この場合において所轄労働基準監督署長の認定を受けた場合は、予告手当（平均賃金の30日分）を支給しない。場合によっては、退職願の提出を勧告し諭旨退職とすることもある。

〈解説〉懲戒の種類の定めであります。このような定めが就業規則等に明示されていないと、訴訟等になっていったときは、大変組合側が不利になります。日本の労働基準法は、労働者を守るという視点からの法律になっていますので、理事長さんが、仮に組合として、マンション

の管理人さんに処分とか解雇といったことをするときは、十分な配慮が必要です。

（懲　戒）

第12条　服務規律違反および次の各号のいずれかに該当する場合は、その程度に応じて前条のいずれかの懲戒に処する。特に組合に損害を与えるような場合は懲戒解雇の処分をすることがある。

1　無届欠勤３日以上に及んだ場合
2　出勤常ならず改善の見込みのない場合
3　組合の名誉、信用を損ねた場合
4　故意又は過失により災害又は営業上の事故を発生させ、組合に損害を与えた場合
5　懲戒処分を再三にわたって受け、なお改善の見込みがない場合
6　服務規律・業務マニュアル規定または業務上の指示命令に違反した場合
7　重要な経歴を偽り採用された場合
8　刑事事件に関与した場合
9　酒気帯び、飲酒等の道路交通法に違反する運転を行ったことが発覚した場合
10　前各号の他、これに準ずる程度の不都合な行為を行った場合

〈解説〉具体的な懲戒の種類が記載されています。もっと記載内容を多くしたいということであれ

ば、条文項目を増やせばいいでしょう。

（解　雇）

第13条　組合は、次の各号に掲げる場合に管理人さんを解雇することがある。試用期間の期間も含まれる。

1　管理人さんが身体または精神の障害により、業務に耐えられないと認められる場合
2　管理人さんの就業状況または職務能力が不良で、就業に適さないと認められる場合
3　組合業務の縮小その他やむを得ない業務の都合による場合
4　熟練者という条件で採用されたにもかかわらず、期待された職務能力が発揮されなかった場合
5　組合の管理人さんとして適格性がないと認められる場合
6　天災事変その他やむを得ない事由のため事業の継続ができなくなった場合
7　前各号の他、やむを得ない事由がある場合

〈解説〉解雇は、よく不当解雇とかでもめます。

どのようなときに解雇になるかを明確にしておくことは、組合および管理人さんの間でトラブルに発展することの防止につながります。

（定年制度等）

第14条　管理人さんの定年は満60歳とし、定年に達した日の翌日をもって自然退職とする。再雇用に関しては、本人が希望したときは定年に達した翌日から満65歳になるまで１年または６か月ごとの更新により再雇用するものとする。再雇用の労働条件については、個別に定めるものとする。

　定年の年齢を超えて雇用されたものは、個別の雇用契約書によるものとする。


〈解説〉定年については、おそらくどこかの会社で定年後再就職ということで、管理人さんになられるケースが多いと思われます。

　したがって、一般的なこの規則のような定年60歳というのは、実務上そぐわない方が多いのではないかと予想されます。

　そこで、管理組合の考え方にもよりますが、管理人さん募集においては、定年65歳・70歳・75歳といった規定の仕方も十分検討してもいいのではないかと思います。

（退　職）
第15条　管理人さんが次の各号のいずれかに該当するに至った場合は、その日を退職の日とし、管理人さんとしての地位を失う。
　１　死亡した場合

2　期間を定めて雇用した者の雇用期間が満了した場合または定年に達した日の翌日（再雇用された者を除く）
3　休職期間が満了したにもかかわらず、復職できない場合
4　行方不明となり1週間が経過した場合
5　本人の都合により退職をするときは、少なくても14日前までに退職届を提出して組合の承認があった場合、または退職届提出後14日を経過した場合

〈解説〉前章で、定年の定めに触れましたが、たとえば1年間で雇用契約を行い、期間が満了したら2項の規定のように退職してもらうというのも選択の1つでしょう。

組合として長期雇用ができるかどうかわからないとか、管理人さんの仕事ぶりを3か月間の試用期間では判断できないので1年契約にするなどといったことも十分検討できると思います。

（賃金締切日および支払日）

第16条　賃金は、当月1日から起算し、当月末日に締め切って計算、翌月10日（支払日が休日の場合はその前日。）に支払う。欠勤・遅刻・早退があるときは、その時間分の賃金を控除して支給することがある。

〈解説〉賃金の締め切りと支払いに関しては、原則1人での計算になるので、賃金計算は負担にならないと思いますが、仕事が多忙なときに重ならない時期にすべきです。

（賃金の構成）
第17条　賃金の構成は、次のとおりとする。
1　基本給　（日給月給制または時給制）
2　家族手当
3　皆勤手当
4　通勤手当
5　役職手当（役職手当は残業代を含んだものとする）
6　住宅手当
7　残業手当（労働基準法に基づき計算する）
　残業単価の計算は、家族手当・通勤手当・役職手当（残業代を含むと規定したとき）・住宅手当を除いた賃金を1か月の平均所定労働時間で割って計算するものとする。法定労働時間を超えたときは、労働基準法に定める割増賃金を計算するものとする。手当は支給条件が満たされなくなれば、その月から支給されなくなるものとする。

〈解説〉この規定の中に、役職手当・住宅手当がありますが、管理人さんの賃金では支給しないケースが多いと思われますが、参考のため掲載しています。

（基本給の考え方）

第18条　基本給は日給月給または時給制とする。基本給は、本人の勤務態度、経験、技能および作業内容などを勘案して各人ごとに決定する。また、組合の状況または本人の職務内容により、毎年一定の期日に増減することがある。

〈解説〉基本給は、月給か・時給かのどちらかの選択になります。

管理人さんの勤務実態に応じて増減すると定めておくことによって、今後発生する可能性が心配されるトラブル防止につながってくるでしょう。

また、頑張ったら昇給するという文言を入れることで、管理人さんのモチベーションアップにも活用できる規定となります。

（賞与の支払方針）

第19条　賞与は組合の状況により個人ごとの能力を鑑みて支払う。職務内容によっては支払わないこともあるものとする。

ただし、支給日に在籍しない管理人さんには支給しないものとする。

〈解説〉賞与については、管理組合では支払わないケースも多いと思われますが、勤務成績に応じていくらか支払うという考えも検討の余地があります。

（退職金制度）

第20条　退職金については、組合が退職金制度を導入したときはその制度に基づいて支払うが、制度を導入していない間はないものする。

〈解説〉退職金制度は、なければなしでも問題ありません。しかし、いくらか支給すると規定に定めれば、支払わなくてはならなくなってきます。管理人さんのモチベーションアップのためには、いくらかでも支給されるほうがよいのではないかと思います。

（損害賠償事由）

第21条　管理人さんが故意または過失により組合に損害をかけた場合は、損害の一部または全部を賠償させることがある。ただし、これによって懲戒を免れるものではない。

〈解説〉これによって、必ず損害賠償できるとは限りませんが、このように定めておくことはトラブル防止の面からも重要だと思います。

（疑義および解決）

第22条　特別の事情のためにこの規定によりがたい場合および適用上の疑義および解決が必要なときは、原則として理事長が行う。

〈解説〉この就業規則の解釈に疑義が生じたときは、最終的な判断を理事長に委ねるということを示しています。

本規則は令和　年　月　日より実施する。

以上22条の条文にまとめてみました。少ないのでビックリされたかもしれません。

実際、われわれ専門家が就業規則を委託を受けて作成する場合は、、全体で約１００条近い条文になるケースが多いのです。しかし、管理組合の場合は、原則一人の管理人さんが対象になりますから、このサンプルの内容で十分かと思います。

また、この就業規則は、管理人さんのマンション管理におけるマニュアルが作成してある組合では、就業規則第10条の第13項により、就業規則とマニュアルが連動して活用できます。

3　売上に代わる評価制度を考える

次に、管理人さんの人事の評価制度について考えてみましょう。

人事評価については、関連の参考書がたくさん出ています。３６０度評価とか絶対評価・相対評価など枚挙すればきりがありません。

筆者は、管理人さんの仕事は営業などとは異なり、業績がはっきり現れてこないのが実体かと思います。

そこで、管理人さんの評価は、一般的な勤怠評価・プロセス評価・業績評価のうち、勤怠評価7

割・プロセス評価３割ぐらいの比率で、Ａ・Ｂ・Ｃの３段階で評価するのがよいと考えます。

そして、その結果を、月給であれば数千円単位、時給であれば数十円単位で毎年アップするときもあったり、しないときもあるといったシンプルな取組み方がベターでしょう。専門家も理解しにくいような複雑な制度を構築するのはナンセンスの極みです。

基本的に、管理人さんの仕事は、受付・点検業務がメインになりますが、それらの仕事をいかにしっかりやってもらえるかがマンションの価値の維持向上に直結しますから、その仕事のプロセスが非常に重要です。

もう1つの視点は、マンション内での人間関係などのベースになる勤怠評価がポイントでしょう。マンション管理人さんの仕事は、その人柄のウエイトが大変大きいのです。したがって、そのベースは、日常の勤怠評価が十分評価できる内容であるかどうかがマンション管理人さんの評価のポイントになってくるわけです。

4　管理会社でも受託マンションの就業規則として活用し、管理人さんに周知

ところで、前掲の就業規則のサンプルは、自主管理の組合を想定して作成したものですが、自主管理の組合だけに限らず、管理会社でもマンションの管理人さん用の就業規則として十分活用していただける内容になっています。

管理会社では、意外にも、マンション管理人さんに対しても管理会社社員を含めた汎用の就業規則を適用しており、管理人さんの事業所ごとの就業規則は作成していないように見受けられます。

この際、マンション管理人さんを対象とした独自の就業規則の作成をおすすめします。

社員さんと管理人さんとでは、仕事の中身が結構相違しているはずですから、管理人さん向けの就業規則はぜひとも必要かと思います。

もちろん、赴任先のマンションでは1名の管理人さんだけですから、労働基準監督署への就業規則の届出までは必要ありません。

なお、この就業規則は、活用次第では管理人さんの業務マニュアルとしての活用も可能ですから、業務の効率化、ひいてはマンションの資産価値の向上維持のためにも導入する価値は十分あると思います。

第8章　日常のマンション管理人さんの労務管理のポイント

1 理事長は積極的にマンション管理人さんとお話をしよう

理事長サイドからみれば、管理人さんがいかに気持ちよく働いてくれるかが、マンションの風土環境をよくも悪くもしていくことにつながります。

管理人さんの中には、マンション管理の法的な側面はまったく理解できていず、単に受付と掃除をすればいいのかなくらいの認識の方がいるかもしれません。もし、そうであれば、理事長が、管理人さんをある程度教えながらリードしていく必要があるといえます。

一方、そうではなく、管理業務主任者などの資格を持っているとか、一般社団法人マンション管理員検定協会が実施している民間資格であるマンション管理員検定試験に挑戦しようかなどいったマンション管理に明るい管理人さんであれば、理事長のその面でのリードの必要はないかもしれません。

しかし、いずれのケースであっても、いっしょに仕事をしていくということは、ある意味人間関係がうまくいっていることが前提となります。したがって、理事長は、管理人さんに積極的に声を掛け、挨拶をするなどを通じて、人間関係を良好にしておくことが重要です。

また、住人同士の人間関係を深めるために、マンション内の集会室や近所の公民館を活用してダンスや囲碁の同好会を開催するなど、管理人さんと相談しながら進めていくといった取組も効果的でしょう。

もっと直接的な方法としては、マンションの回覧板づくりなども考えられます。回覧板を通じて管理人さんと住民同士のコミュニケーションづくりの支援を図るわけです。

いずれにしても、理事長の基本的なスタンスとしては、管理人さんの立場に立つということです。問題が発生したときはもちろんのこと、相手の立場・視点に立って考えるようにすれば、道が開けてくるものなのです。

２　理事長はマンション管理人さんが働きやすいようにサポートしよう

管理人さんとのコミニケーションがうまくいっていると仮定して話を進めていくことにしましょう。

次に理事長に提案したいことは、管理人さんが日常業務をスピーディーにこなせるようにようにサポートすべきだということです。

では、どのように、すべきでしょうか。

たとえば、マンションの年1回の総会に管理人さんに出席してもらい、マンションの区分所有者の方との交流の場を積極的に設けるというのも1つの方法です。その場では、主だった区分所有者の方々に紹介してあげることが肝要です。管理人さんにすれば、相手のことがわかってくれば、仕事にもメリハリがついてくることでしょう。

区分所有者の方も、こうした機会を通じて管理人さんの人となりが多少でも理解できるようになれば、自然と管理人さんの仕事の内容にも関心をいだくようになってくるはずです。

とにかく、いろいろなコミニケーションの場を通して、管理人さんのことを理解してあげる方向へもっていくようにバックアップしてあげてください。

そのような好ましい関係ができれば、管理人さんは、マンション管理の法律等に詳しいかどうかは別にして、マンションの管理業務を真剣に真心を込めてやってくれるようになってくると思います。

仕事は、真心を込めてやるかどうかで、結果はまったく相違してきます。日常のエントランスの清掃を心を込めてするのと、単に仕事だからということで義務的にするのとでは、1年・2年・5年と経過していくうちに、その結果は全然相違してくるのは明らかです。

つまり、このように理事長がマンション管理人さんの働きやすいようにサポートするということは、最終的には区分所有者の利益につながってくるのです。

したがって、理事長は、いかに気分よく働いてもらうかを考え、それを実践することが重要な役割の1つであるとの認識をもってマンション管理人さんに接するように努めていただきたいと思います。

第9章　マンション管理人さんの退職金・賞与はどうすればいい

1　世間のような決算賞与を出すのが難しいワケ

マンション管理人さんの賞与はどうなっているのでしょう。

労働基準法では、毎月の賃金の支払いの義務は定められていますが、賞与に関しては支払いを定めた条項はありません。したがって、当管理組合は支払わないということであれば、支払わなくても労働基準法違反にはならないのです。

現実に、筆者が社会保険労務士の仕事を通して感じるのは、中小企業の賞与は大企業や役所などから見れば低いと思います。しかも、賞与そのものを支給してないといった会社もあります。約2割から3割の中小企業は、支給ゼロというのが実感です。

このような実情を勘案すれば、定年再雇用のマンション管理人さんについては、年金との調整との絡みや、一般企業のように期によって利益が出たり出なかったりすることのないマンション管理費の中から支給される性質のものであることも考慮すれば、賞与を支給するのは馴染まない職種ではないかともいえます。

したがって、マンションの管理人さんに賞与を支給されている組合はあるかもしれませんが、大半は支給されないのが現状であり、それを認めざるを得ないといえるでしょう。

もっとも、マンションの駐車場を区分所有者以外に貸して賃料を得ている場合や、マンションの屋上の広告収入などがあるのであれば、その収入を全部修繕積立金に積み立てないで、一部をマンションの管理人さんに還元するといったことはあってもよいと思います。

どのようにするかは、財務状況や人事管理面等をトータルに見渡して、各組合の総会で十分に検討した上で決めていけばよいでしょう。

２　退職金は、モチベーションアップになるので検討すべき

次に、管理人さんの退職金について考えてみたいと思います。

賞与の支給については、前述のように必ずしも支給しなくてもよいのではないかと申しました。しかし、退職金については、ぜひとも支給する方向で検討すべき課題ではないかと考えます。シルバー世代は、年齢的な制約もあり、なかなか現金が貯まらないものです。そのような管理人さんに対する退職金は、モチベーションアップにつながることは明らかであるからです。

再雇用者の場合、年金との併給調整について賞与の金額は反映されますが、退職金については反映されません。さらに、税金面では、20年勤続までは1年につき40万円の非課税措置があります（令和3年4月現在）。ですから、60歳でマンションの管理人さんになられて70歳で退職したと仮定すると４００万円の非課税枠が活用できます。したがって、支給される側の税金の面では、支給について問題はないわけです。

問題は、主として、支給する側のマンションの自主管理組合のほうにあります。特に重要なのは、資金面の手当です。どのように退職金を準備すればよいのかということです。

筆者は、マンション管理人さんに支給する退職金は一種の修繕積立金に該当するのではないかと思います。その方向で準備すればよいでしょう。

ポイントとなる退職金の額については、現役時代のような額の支給を考える必要はありません。たとえば、一般の中小企業では、10年勤続で100万円前後というところでしょう。管理人さんの場合、その金額を支給するとすれば、毎月1万円ほど修繕積立金として積んでいけば可能です。もちろん、10年勤続で50万円でも十分でしょう。それなら、毎月5000円の積立てで準備ができます。

いかがですか。離婚にも慰謝料がいるように、長く勤務してくれた管理人さんには多少の退職金は準備してあげてもいいのではないでしょうか。

どうか読者の方々、マンションの管理人さんのお仕事の重要性を再認識していただき、管理人さんの雇用条件の改善に取り組んでみてください。

雇用条件の内容がよくなれば、マンション管理人さんのレベル質が高まっていき、やがて日本の大事な資産であるマンション、ひいては住宅環境の向上につながっていくと考えるのですが……。

第10章　マンション管理規約を読もう

1　マンション管理規約ってどんなことが記載されているか

マンション管理のまとめの部分とし、マンションの管理規約について考えてみたいと思います。マンションの管理規約については、国土交通省からモデルとして「マンション標準管理規約」（令和３年６月22日改正版）が公表されています。本書では、参考資料として巻末に掲載しましたので、一度お読みいただけたらマンション管理に関する理解はさらにアップしてくることでしょう。

そもそもマンションの管理規約とは、マンションの共同生活を快適にしていくために必要な一定のルールを定めたものです。管理組合はもちろん、すべての区分所有者・住民が守るべきルールが定めてあります。

一般的にその内容は、次のような構成になっています。

①　総則……管理規約の目的、用語の定義、規約の対象範囲、規約の効力などが定められています。

②　専有部分などの範囲……専有部分と共用部分の範囲を明確に定めています。

③　敷地および共用部分などの共有……敷地および共用部分などは区分所有者との共有とすることや、その持分割合などを定めています。

④　用法……専有部分・共用部分などの使用方法、ベランダなどの専用使用権、ペット飼育や・駐車場使用などのルールなどが定められています。

⑤ 管理……敷地・共用部分などの管理方法、管理費などの使用目的、負担義務、区分所有者の義務なども定めています。
⑥ 管理組合……組合員の資格と届出、管理組合の業務、管理会社への委託に関することなどや、役員の任期や総会・理事会などについて定めています。
⑦ 会計……管理組合の会計年度の収入および支出、管理費・修繕積立金の徴収などの会計の処理方法について定めています。
⑧ 雑則……義務違反者に対する措置とか、理事長の勧告・指示などや、近隣住民との協定などが定められています。

イメージが掴めたでしょうか。どこのマンションの管理規約でも、だいたい80条くらいの条文数でまとめられています。国土交通省のマンション標準管理規約も含めて、本書で紹介した区分所有法やマンション管理の適正化法を上手に盛り込んで規約化されているようです。

したがって、マンションの管理規約を読めば、当然のことですが、区分所有法やマンション管理の適正化を再認識する感じになります。

いずれにしても、規約はマンションの憲法であり、すべてのマンションの区分所有者の方に適応されることになります。ですから、マンション管理人さんとして赴任されたなら、必ず一読することをお勧めします。また、マンションの理事長なども、自分のマンションですから、この際に一度は目を通していただきたいと思います。

2 マンション管理規約は時々見直す

法律は時代の鏡です。時代の変遷とともに改定されていきます。マンションの管理規約も同様です。時々メンテナンスし、改定することが必要です。

たとえば、現在でもまだ、多くのマンションの規約は、管理費や修繕積立金に関する通帳、銀行印の取扱い等の分別管理の定めが明確にされないまま運用されているかのように漏れ聞きます。

そのような状況下で、筆者の地元でも14年ほど前に、ある管理会社が銀行の残高証明書を偽造して、約5億円を横領するという事件が起きました。もし、そうした事件があれば、そのマンションの区分所有者にとっては悲劇です。

したがって、マンション管理人さんとして赴任したならば、それらの規約の改定などに関しても、気がついたことがあれば、理事長に提案してみてはいかがでしょうか。

国土交通省のマンション標準管理規約などを参考にして改定のアドバイスなどができれば、人間関係はもちろんのこと、信頼度は格段に高まるはずです。

最後に声を大にして言いたいことは、マンション管理人さん、もっともっと輝いていただきたいということです。

【巻末資料】

マンション標準管理規約（単棟型）

○○マンション管理規約

（令和3年6月22日改正）

国土交通省公表資料より

第1章　総則

（目的）
第1条　この規約は、○○マンションの管理又は使用に関する事項等について定めることにより、区分所有者の共同の利益を増進し、良好な住環境を確保することを目的とする。

（定義）
第2条　この規約において、次に掲げる用語の意義は、それぞれ当該各号に定めるところによる。
一　区分所有者　建物の区分所有等に関する法律（昭和37法律第69号。以下「区分所有法」という。）第2条第1項の区分所有権をいう。
二　区分所有者　区分所有法第2条第2項の区分所有者をいう。
三　占有者　区分所有法第6条第3項の占有者をいう。
四　専有部分　区分所有法第2条第3項の専有部分をいう。
五　共用部分　区分所有法第2条第4項の共用部分をいう。
六　敷地　区分所有法第2条第5項の建物の敷地をいう。
七　共用部分等　共用部分及び附属施設をいう。
八　専用使用権　敷地及び共用部分等の一部について、特定の区分所有者が排他的に使用できる権利をいう。
九　専用使用部分　専用使用権の対象となっている敷地及び共用部分等の部分をいう。
十　電磁的方法 電子情報処理組織を使用する方法その他の情報通信の技術を利用する方法であって次に定めるものをいう。

イ　送信者の使用に係る電子計算機と受信者の使用に係る電子計算機とを電気通信回線で接続した電子情報処理組織を使用する方法であって、当該電気通信回線を通じて情報が送信され、受信者の使用に係る電子計算機に備えられたファイルに当該情報が記録されるもの

ロ　磁気ディスクその他これに準ずる方法により一定の情報を確実に記録しておくことができる物をもって調製するファイルに情報を記録したもの（以下「電磁的記録」という。）を交付する方法

十一　WEB会議システム等電気通信回線を介して、即時性及び双方向性を備えた映像及び音声の通信を行うことができる会議システム等をいう。

（規約及び総会の決議の遵守義務）

第3条　区分所有者は、円滑な共有生活を維持するため、この規約及び総会の決議を誠実に遵守しなければならない。

2　区分所有者は、同居する者に対してこの規約及び総会の決議を遵守させなければならない。

（対象物件の範囲）

第4条　この規約の対象となる物件の範囲は、別表第1（掲載略）に記載された敷地、建物及び附属施設（以下「対象物件」という。）とする。

（規約及び総会の決議の効力）

第5条　この規約及び総会の決議は、区分所有者の包括承継人及び特定承継人に対しても、その効力を有する。

2　占有者は、対象物件の使用方法につき、区分所有者がこの規約及び総会の決議に基づいて負う義務と同一の義務を負う。

（管理組合）

第6条　区分所有者は、区分所有法第3条に定める建物並びにその敷地及び附属施設の管理を行うための団体として、第1条に定める目的を達成するため、区分所有者全員をもって○○マンション管理組合（以下「管理組合」という。）を構成する。

2　管理組合は、事務所を○○内に置く。

3　管理組合の義務、組織等については、第6章に定めるところによる。

第2章　専有部分等の範囲

（専有部分の範囲）

第7条　対象物件のうち区分所有権の対象となる専有部分は、住戸番号を付した住戸とする。

2　前項の専有部分を他から区分する構造物の帰属については、次のとおりとする。

一　天井、床及び壁は、躯体部分を除く部分を専有部分とする。

二　玄関扉は、錠及び内部塗装部分を専有部分とする。

三　窓枠及び窓ガラスは、専有部分に含まれないものとする。

3　第1項又は前項の専有部分の専用に供される設備のうち共用部品内にある部分以外のものは、専有部分とする。

（共用部分の範囲）

第8条　対象物件のうち共用部分の範囲は、別表第2（掲載略）に掲げるとおりにする。

第3章　敷地及び共用部分等の共有

（共有）

第9条　対象物件のうち敷地及び共用部分等は、区分所有者の共有とする。

（共有持分）

第10条　各区分所有者の共有持分は、別表第3（掲載略）に掲げるとおりとする。

（分割請求及び単独処分の禁止）

第11条　区分所有者は、敷地又は共有部分等の分割を請求することはできない。

2　区分所有者は、専有部分と敷地及び共用部分等の共有持分とを分離して譲渡、抵当権の設定等の処分をしてはならない。

第4章　用法

（専有部分の用途）

（ア）住宅宿泊事業を可能とする場合

第12条　区分所有者は、その専有部分を専ら住宅として使用するものとし、他の用途に供してはならない。

2　区分所有者は、その専有部分を住宅宿泊事業法第3条第1項の届出を行って営む同法第2条第3項の住宅宿泊事業に使用することができる。

（イ）住宅宿泊事業を禁止する場合

第12条　区分所有者は、その専有部分を専ら住宅として使用するものとし、他の用途に供してはならない。
2　区分所有者は、その専有部分を住宅宿泊事業法第3条第1項の届出を行って営む同法第2条第3項の住宅宿泊事業に使用してはならない。

（敷地及び共用部分等の用法）
第13条　区分所有者は、敷地及び共用部分等をそれぞれの通常の用法に従って使用しなければならない。

（バルコニー等の専用使用権）
第14条　区分所有者は、別表第4に掲げるバルコニー、玄関扉、窓枠、窓ガラス、一階に面する庭及び屋上テラス（以下この条、第21条第1項及び別表第4（掲載略）において「バルコニー等」という。）について、同表に掲げるとおり、専用使用権を有することを承認する。
2　一階に面する庭について専用使用権を有している者は、別に定めるところにより、管理組合に専用使用料を納入しなければならない。
3　区分所有者から専有部分の貸与を受けた者は、その区分所有者が専用使用権を有しているバルコニー等を使用することができる。

（駐車場の使用）
第15条　管理組合は、別添の図（掲載略）に示す駐車場について、特定の区別所有者に駐車場使用契約により使用させることができる。
2　前項により駐車場を使用している者は、別に定めるところにより、管理組合に駐車場使用料を納入しなければならない。

3　区別所有者がその所有する専有部分を、他の区分所有者又は第三者に譲渡又は貸与したときは、その区分所有者の駐車場使用契約は効力は失う。

（敷地及び共用部分等の第三者の使用）

第16条　管理組合は、次に掲げる敷地及び共用部分等の一部を、それぞれ当該各号に掲げる者に使用させることができる。

一　管理事務室、管理用倉庫、機械室その他対象物件の管理の執行上必要な施設　管理事務（マンションの管理の適正化の推進に関する法律（平成12年法律第１４９号。以下「適正化法」という。）第2条第六号の「管理事務」をいう。）を受託し、又は請け負った者

二　電気室　対象物件に電気を供給する設備を維持し、及び運用する事業者

三　ガスガバナー　当該設備を維持し、及び運用する事業者

2　前項に掲げるもののほか、管理組合は、総会の決議を経て、敷地及び共用部分等（駐車場及び専用使用部分を除く。）の一部について、第三者に使用させることができる。

（専有部分の修繕等）

（ア）電磁的方法が利用可能ではない場合

第17条　区分所有者は、その専有部分について、修繕、模様替え又は建物に定着する物件の取付け若しくは取替え（以下「修繕等」という。）であって共用部分又は他の専有部分に影響を与えるおそれのあるものを行おうとするときは、あらかじめ、理事長（第35条に定める理事長をいう。以下同じ。）にその旨を申請し、書面による承認を受けなければならない。

（イ）電磁的方法が利用可能な場合

第17条　区分所有者は、その専有部分について、修繕、模様替え又は建物 に定着する物件の取付

け若しくは取替え（以下「修繕等」という。）であって共用部分又は他の専有部分に影響を与えるおそれのあるものを行おうとするときは、あらかじめ、理事長（第35条に定める理事長をいう。以下同じ。）にその旨を申請し、書面又は電磁的方法による承認を受けなければならない。

2　前項の場合において、区分所有者は、設計図、仕様書及び工程表を添付した申請書を理事長に提出しなければならない。

3　理事長は、第1項の規定による申請について、理事会（第51条に定める理事会をいう。以下同じ。）の決議により、その承認又は不承認を決定しなければならない。

4　第1項の承認があったときは、区分所有者は、承認の範囲内において、専有部分の修繕等に係る共用部分の工事を行うことができる。

5　理事長又はその指定を受けた者は、本条の施行に必要な範囲内において、修繕等の箇所に立ち入り、必要な調査を行うことができる。この場合において、区分所有者は、正当な理由がなければこれを拒否してはならない。

6　第1項の承認を受けた修繕等の工事後に、当該工事により共用部分又は他の専有部分に影響が生じた場合は、当該工事を発注した区分所有者の責任と負担により必要な措置をとらなければならない。

7　区分所有者は、第1項の承認を要しない修繕等のうち、工事業者の立入り、工事の資機材の搬入、工事の騒音、振動、臭気等工事の実施中における共用部分又は他の専有部分への影響について管理組合が事前に把握する必要があるものを行おうとするときは、あらかじめ、理事長にその旨を届け出なければならない。

（使用細則）

第18条　対象物件の使用については、別に使用細則を定めるものとする。

（専有部分の貸与）

第19条　区分所有者は、その専有部分を第三者に貸与する場合には、この規約及び使用細則に定める事項をその第三者に遵守させなければならない。

2　前項の場合において、区分所有者は、その貸与に係る契約にこの規約及び使用細則に定める事項を遵守する旨の条項を定めるとともに、契約の相手方にこの規約及び使用細則に定める事項を遵守する旨の誓約書を管理組合に提出させなければならない。

〔※専有部分の貸与に関し、暴力団員への貸与を禁止する旨の規約の規定を定める場合〕

（暴力団員の排除）

第19条の2　区分所有者は、その専有部分を第三者に貸与する場合には、前条に定めるもののほか、次に掲げる内容を含む条項をその貸与に係る契約に定めなければならない。

一　契約の相手方が暴力団員（暴力団員による不当な行為の防止等に関する法律（平成3年法律第77号）第2条第6号に規定する暴力団員をいう。以下同じ。）ではないこと及び契約後において暴力団員にならないことを確約すること。

二　契約の相手方が暴力団員であることが判明した場合には、何らの催告を要せずして、区分所有者は当該契約を解約することができること。

三　区分所有者が前号の解約権を行使しないときは、管理組合は、区分所有者に代理して解約権を行使することができること。

〔※管理組合における電磁的方法の利用状況に応じて、次のように規定〕

（ア）電磁的方法が利用可能ではない場合

2　前項の場合において、区分所有者は、前項第三号による解約権の代理行使を管理組合に認める旨の書面の提出をするとともに、契約の相手方に暴力団員ではないこと及び契約後において暴力団員にならないことを確約する旨の誓約書を管理組合に提出させなければならない。

（イ）　電磁的方法が利用可能な場合

2　前項の場合において、区分所有者は、前項第三号による解約権の代理行使を管理組合に認める旨の書面の提出（当該書面に記載すべき事項の電磁的方法による提供を含む。）をするとともに、契約の相手方に暴力団員ではないこと及び契約後において暴力団員にならないことを確約する旨の誓約書を管理組合に提出させなければならない。

第5章　管理

第1節　総則

（区分所有者の責務）

第20条　区分所有者は、対象物件について、その価値及び機能の維持増進を図るため、常に適正な管理を行うよう努めなければならない。

（敷地及び共用部分等の管理）

第21条　敷地及び共用部分等の管理については、管理組合がその責任と負担においてこれを行うものとする。ただし、バルコニー等の保存行為（区分所有法第18条第1項ただし書の「保存行為」をいう。以下同じ。）のうち、通常の使用に伴うものについては、専用使用権を有する者がその責任と負担においてこれを行わなければならない。

2　専有部分である設備のうち共用部分と構造上一体となった部分の管理を共用部分の管理と一体として行う必要があるときは、管理組合がこれを行うことができる。

〔※管理組合における電磁的方法の利用状況に応じて、次のように規定〕

(ア)　電磁的方法が利用可能ではない場合

3　区分所有者は、第1項ただし書の場合又はあらかじめ理事長に申請して書面による承認を受けた場合を除き、敷地及び共用部分等の保存行為を行うことができない。ただし、専有部分の使用に支障が生じている場合に、当該専有部分を所有する区分所有者が行う保存行為の実施が、緊急を要するものであるときは、この限りでない。

(イ)　電磁的方法が利用可能な場合

3　区分所有者は、第1項ただし書の場合又はあらかじめ理事長に申請して書面又は電磁的方法による承認を受けた場合を除き、敷地及び共用部分等の保存行為を行うことができない。ただし、専有部分の使用に支障が生じている場合に、当該専有部分を所有する区分所有者が行う保存行為の実施が、緊急を要するものであるときは、この限りでない。

4　前項の申請及び承認の手続については、第17条第2項、第3項、第5項及び第6項の規定を準用する。ただし、同条第5項中「修繕等」とあるのは「保存行為」と、同条第6項中「1項の承認を受けた修繕等の工事後に、当該工事」とあるのは「第21条第3項の承認を受けた保存行為後に、当該保存行為」と読み替えるものとする。

5　第3項の規定に違反して保存行為を行った場合には、当該保存行為に要した費用は、当該保存行為を行った区分所有者が負担する。

6　理事長は、災害等の緊急時においては、総会又は理事会の決議によらずに、敷地及び共用部分等の必要な保存行為を行うことができる。

（窓ガラス等の改良）

第22条　共用部分のうち各住戸に附属する窓枠、窓ガラス、玄関扉その他の開口部に係る改良工事であって、防犯、防音又は断熱等の住宅の性能の向上等に資するものについては、管理組合がその責任と負担において、計画修繕としてこれを実施するものとする。

〔※管理組合における電磁的方法の利用状況に応じて、次のように規定〕

（ア）電磁的方法が利用可能ではない場合

2　区分所有者は、管理組合が前項の工事を速やかに実施できない場合には、あらかじめ理事長に申請して書面による承認を受けることにより、当該工事を当該区分所有者の責任と負担において実施することができる。

（イ）電磁的方法が利用可能な場合

2　区分所有者は、管理組合が前項の工事を速やかに実施できない場合には、あらかじめ理事長に申請して書面又は電磁的方法による承認を受けることにより、当該工事を当該区分所有者の責任と負担において実施することができる。

3　前項の申請及び承認の手続については、第17条第2項、第3項、第5項及び第6項の規定を準用する。ただし、同条第5項中「修繕等」とあるのは「第22条第2項の工事」と、同条第6項中「第1項の承認を受けた修繕等の工事」とあるのは「第22条第2項の承認を受けた工事」と読み替えるものとする。

（必要箇所への立入り）

第23条　前2条により管理を行う者は、管理を行うために必要な範囲内において、他の者が管理する専有部分又は専用使用部分への立入りを請求することができる。

2　前項により立入りを請求された者は、正当な理由がなければこれを拒否してはならない。

3　前項の場合において、正当な理由なく立入りを拒否した者は、その結果生じた損害を賠償しなければならない。

4　前3項の規定にかかわらず、理事長は、災害、事故等が発生した場合であって、緊急に立ち入らないと共用部分等又は他の専有部分に対して物理的に又は機能上重大な影響を与えるおそれがあるときは、専有部分又は専用使用部分に自ら立ち入り、又は委任した者に立ち入らせることができる。

5　立入りをした者は、速やかに立入りをした箇所を原状に復さなければならない。

（損害保険）

第24条　区分所有者は、共用部分等に関し、管理組合が火災保険、地震保険その他の損害保険の契約を締結することを承認する。

2　理事長は、前項の契約に基づく保険金額の請求及び受領について、区分所有者を代理する。

第2節　費用の負担

（管理費等）

第25条　区分所有者は、敷地及び共用部分等の管理に要する経費に充てるため、次の費用（以下「管理費等」という。）を管理組合に納入しなければならない。
一　管理費
二　修繕積立金
2　管理費等の額については、各区分所有者の共用部分の共有持分に応じて算出するものとする。

（承継人に対する債権の行使）

第26条　管理組合が管理費等について有する債権は、区分所有者の特定承継人に対しても行うことができる。

（管理費）

第27条　管理費は、次の各号に掲げる通常の管理に要する経費に充当する。
一　管理員人件費
二　公租公課
三　共用設備の保守維持費及び運転費
四　備品費、通信費その他の事務費
五　共用部分等に係る火災保険、地震保険その他の損害保険料
六　経常的な補修費
七　清掃費、消毒費及びごみ処理費
八　委託業務費
九　専門的知識を有する者の活用に要する費用
十　管理組合の運営に要する費用

十一　その他第32条に定める業務敷地及び共用部分等の通常の管理に要する費用（次条に規定する経費を除く。）

（修繕積立金）

第28条　管理組合は、各区分所有者が納入する修繕積立金を積み立てるものとし、積み立てた修繕積立金は、次の各号に掲げる特別の管理に要する経費に充当する場合に限って取り崩すことができる。

一　一定年数の経過ごとに計画的に行う修繕

二　不測の事故その他特別の事由により必要となる修繕

三　敷地及び共用部分等の変更

四　建物の建替え及びマンション敷地売却（以下「建替え等」という。）に係る合意形成に必要となる事項の調査

五　その他敷地及び共用部分等の管理に関し、区分所有者全体の利益のために特別に必要となる管理

2　前項にかかわらず、区分所有法第62条第1項の建替え決議（以下「建替え決議」という。）又は建替えに関する区分所有者全員の合意の後であっても、マンションの建替えの円滑化等に関する法律（平成14年法律第78号。以下「円滑化法」において「円滑化法」という。）第9条のマンション建替組合の設立の認可又は円滑化法第45条のマンション建替事業の認可までの間において、建物の建替えに係る計画又は設計等に必要がある場合には、その経費に充当するため、管理組合は、修繕積立金から管理組合の消滅時に建替え不参加者に帰属する修

繕積立金相当額を除いた金額を限度として、修繕積立金を取り崩すことができる。

3　第1項にかかわらず、円滑化法第108条第1項のマンション敷地売却決議（以下「マンション敷地売却決議」という。）の後であっても、円滑化法第120条のマンション敷地売却組合の設立の認可までの間において、マンション敷地売却に係る計画等に必要がある場合には、その経費に充当するため、管理組合は、修繕積立金から管理組合の消滅時にマンション敷地売却不参加者に帰属する修繕積立金相当額を除いた金額を限度として、修繕積立金を取り崩すことができる。

4　管理組合は、第1項各号の経費に充てるため借入れをしたときは、修繕積立金をもってその償還に充てることができる。

5　修繕積立金については、管理費とは区分して経理しなければならない。

（使用料）

第29条　駐車場使用料その他の敷地及び共用部分等に係る使用料（以下「使用料」という。）は、それらの管理に要する費用に充てるほか、修繕積立金として積み立てる。

第6章　管理組合

第1節　組合員

（組合員の資格）

第30条　組合員の資格は、区分所有者となったときに取得し、区分所有者でなくなったときに喪失する。

（届出義務）

〔※管理組合における電磁的方法の利用状況に応じて、次のように規定〕

（ア）電磁的方法が利用可能ではない場合

第31条　新たに組合員の資格を取得し又は喪失した者は、直ちにその旨を書面により管理組合に届け出なければならない。

（イ）電磁的方法が利用可能な場合

第31条　新たに組合員の資格を取得し又は喪失した者は、直ちにその旨を 書面又は電磁的方法により管理組合に届け出なければならない。

第２節　管理組合の業務

（業務）

第32条　管理組合は、建物並びにその敷地及び附属施設の管理のため、次の各号に掲げる業務を行う。

一　管理組合が管理する敷地及び共用部分等（以下本条及び第48条において「組合管理部分」という。）の保安、保全、保守、清掃、消毒及びごみ処理

二　組合管理部分の修繕

三　長期修繕計画の作成又は変更に関する業務及び長期修繕計画書の管理

四　建替え等に係る合意形成に必要となる事項の調査に関する業務

五　適正化法第103条第１項に定める、宅地建物取引業者から交付を受けた設計図書の管理

六　修繕等の履歴情報の整理及び管理等

七　共用部分等に係る火災保険、地震保険その他の損害保険に関する業務

八　区分所有者が管理する専用使用部分について管理組合が行うことが適当であると認められる管理行為
九　敷地及び共用部分等の変更及び運営
十　修繕積立金の運用
十一　官公署、町内会等との渉外業務
十二　マンション及び周辺の風紀、秩序及び安全の維持、防災並びに居住環境の維持及び向上に関する業務
十三　広報及び連絡業務
十四　管理組合の消滅時における残余財産の清算
十五　その他建物並びにその敷地及び附属施設の管理に関する業務

（業務の委託等）
第33条　管理組合は、前条に定める業務の全部又は一部を、マンション管理業者（適正化法第2条第八号の「マンション管理業者」をいう。）等第三者に委託し、又は請け負わせて執行することができる。

（専門的知識を有する者の活用）
第34条　管理組合は、マンション管理士（適正化法第2条第五号の「マンション管理士」をいう。）その他マンション管理に関する各分野の専門的知識を有する者に対し、管理組合の運営その他マンションの管理に関し、相談したり、助言、指導その他の援助を求めたりすることができる。

第3節　役員

（役員）

第35条　管理組合に次の役員を置く。

一　理事長

二　副理事長　○名

三　会計担当理事　○名

四　理事（理事長、副理事長、会計担当理事を含む。以下同じ。）　○名

五　監事　○名

2　理事及び監事は、組合員のうちから、総会で選任する。

3　理事長、副理事長及び会計担当理事は、理事のうちから理事会で選任する。

＊外部専門家を役員として選任できることとする場合

2　理事及び監事は、総会で選任する。

3　理事長、副理事長及び会計担当理事は、理事のうちから、理事会で選任する。

4　組合員以外の者から理事又は監事を選任する場合の選任方法については細則で定める。

（役員の任期）

第36条　役員の任期は○年とする。ただし、再任を妨げない。

2　補欠の役員の任期は、前任者の残任期間とする。

3　任期の満了又は辞任によって退任する役員は、後任の役員が就任するまでの間引き続きその職務を行う。

4　役員が組合員でなくなった場合には、その役員はその地位を失う。
＊外部専門家を役員として選任できることとする場合
4　選任（再任を除く。）の時に組合員であった役員が組合員でなくなった場合には、その役員はその地位を失う。

（役員の欠格条項）

第36条の2　次の各号のいずれかに該当する者は、役員となることができない。
一　成年被後見人若しくは被保佐人又は破産者で復権を得ないもの
二　禁錮以上の刑に処せられ、その執行を終わり、又はその執行を受けることがなくなった日から5年を経過しない者
三　暴力団員等（暴力団員又は暴力団員でなくなった日から5年を経過しない者をいう。）

（役員の誠実義務等）

第37条　役員は、法令、規約及び使用細則その他細則（以下「使用細則等」という。）並びに総会及び理事会の決議に従い、組合員のため、誠実にその職務を遂行するものとする。
2　役員は、別に定めるところにより、役員としての活動に応ずる必要経費の支払と報酬を受けることができる。

（利益相反取引の防止）

第37条の2　役員は、次に掲げる場合には、理事会において、当該取引につき重要な事実を開示し、その承認を受けなければならない。
一　役員が自己又は第三者のために管理組合と取引をしようとするとき。

二　管理組合が役員以外の者との間において管理組合と当該役員との利益が相反する取引をしようとするとき。

（理事長）

第38条　理事長は、管理組合を代表し、その業務を統括するほか、次の各号に掲げる業務を遂行する。

一　規約、使用細則等又は総会若しくは理事会の決議により、理事長の職務として定められた事項

二　理事会の承認を得て、職員を採用し、又は解雇すること。

2　理事長は、区分所有法に定める管理者とする。

3　理事長は、通常総会において、組合員に対し、前会計年度における管理組合の業務の執行に関する報告をしなければならない。

4　理事長は、○か月に1回以上、職務の執行の状況を理事会に報告しなければならない

5　理事長は、理事会の承認を受けて、他の理事に、その職務の一部を委任することができる。

6　管理組合と理事長との利益が相反する事項については、理事長は、代表権を有しない。この場合においては、監事又は理事長以外の理事が管理組合を代表する。

（副理事長）

第39条　副理事長は、理事長を補佐し、理事長に事故があるときは、その職務を代理し、理事長が欠けたときは、その職務を行う。

（理事）

第40条　理事は、理事会を構成し、理事会の定めるところに従い、管理組合の業務を担当する。

2　理事は、管理組合に著しい損害を及ぼすおそれのある事実があることを発見したときは、直ちに、当該事実を監事に報告しなければならない。
3　会計担当理事は、管理費等の収納、保管、運用、支出等の会計業務を行う。

（監事）
第41条　監事は、管理組合の業務の執行及び財産の状況を監査し、その結果を総会に報告しなければならない。
2　監事は、いつでも、理事及び第38条第1項第二号に規定する職員に対して業務の報告を求め、又は業務及び財産の状況の調査をすることができる。
3　監事は、管理組合の業務の執行及び財産の状況について不正があると認めるときは、臨時総会を招集することができる。
4　監事は、理事会に出席して、必要があると認めるときは、意見を述べなければならない。
5　監事は、理事が不正の行為をし、若しくは当該行為をするおそれがあると認めるとき、又は法令、規約、使用細則等、総会の決議若しくは理事会の決議に違反する事実若しくは著しく不当な事実があると認めるときは、遅滞なく、その旨を理事会に報告しなければならない。
6　監事は、前項に規定する場合において、必要があると認めるときは、理事長に対し、理事会の招集を請求することができる。
7　前項の規定による請求があった日から5日以内に、その請求があった日から2週間以内の日を理事会の日とする理事会の招集の通知が発せられない場合は、その請求をした監事は、理事会を招集することができる。

第4節　総会

（総会）

第42条　管理組合の総会は、総組合員で組織する。

2　総会は、通常総会及び臨時総会とし、区分所有法に定める集会とする。

3　理事長は、通常総会を、毎年1回新会計年度開始以後2か月以内に招集しなければならない。

4　理事長は、必要と認める場合には、理事会の決議を経て、いつでも臨時総会を招集することができる。

5　総会の議長は、理事長が務める。

（招集手続）

第43条　総会を招集するには、少なくとも会議を開く日の2週間前（会議の目的が建替え決議又はマンション敷地売却決議であるときは2か月前）までに、会議の日時、場所及び目的を示して、組合員に通知を発しなければならない。

2　前項の通知は、管理組合に対し組合員が届出をしたあて先に発するものとする。ただし、その届出のない組合員に対しては、対象物件内の専有部分の所在地あてに発するものとする。

3　第1項の通知は、対象物件内に居住する組合員及び前項の届出のない組合員に対しては、その内容を所定の掲示場所に掲示することをもって、これに代えることができる。

4　第1項の通知をする場合において、会議の目的が第47条第3項第一号、第二号若しくは第四号に掲げる事項の決議又は建替え決議若しくはマンション敷地売却決議であるときは、その議案の要領をも通知しなければならない。

5　会議の目的が建替え決議であるときは、前項に定める議案の要領のほか、次の事項を通知しなければならない。

一　建替えを必要とする理由

二　建物の建替えをしないとした場合における当該建物の効用の維持及び回復（建物が通常有すべき効用の確保を含む。）をするのに要する費用の額及びその内訳

三　建物の修繕に関する計画が定められているときは、当該計画の内容

四　建物につき修繕積立金として積み立てられている金額

6　会議の目的がマンション敷地売却決議であるときは、第4項に定める議案の要領のほか、次の事項を通知しなければならない。

一　売却を必要とする理由

二　次に掲げる場合の区分に応じ、それぞれ次に定める事項

イ　マンションが円滑化法第102条第2項第1号に該当するとして同条第1項の認定（以下「特定要除却認定」という。）を受けている場合　次に掲げる事項

⑴　建築物の耐震改修の促進に関する法律（平成7年法律第123号）第2条第2項に規定する耐震改修又はマンションの建替えをしない理由

⑵　⑴の耐震改修に要する費用の概算額

ロ　マンションが円滑化法第102条第2項第2号に該当するとして特定要除却認定を受けている場合　次に掲げる事項

(1) 火災に対する安全性の向上を目的とした改修又はマンションの建替えをしない理由
(2) (1)の改修に要する費用の概算額

ハ　マンションが円滑化法第１０２条第２項第３号に該当するとして特定要除却認定を受けている場合　次に掲げる事項

(1) 外壁等の剥離及び落下の防止を目的とした改修又はマンションの建替えをしない理由
(2) (1)の改修に要する費用の概算額

7　建替え決議又はマンション敷地売却決議を目的とする総会を招集する場合、少なくとも会議を開く日の1か月前までに、当該招集の際に通知すべき事項について組合員に対し説明を行うための説明会を開催しなければならない。

8　第45条第2項の場合には、第1項の通知を発した後遅滞なく、その通知の内容を、所定の掲示場所に掲示しなければならない。

9　第1項（会議の目的が建替え決議又はマンション敷地売却決議であるときを除く。）にかかわらず、緊急を要する場合には、理事長は、理事会の承認を得て、5日間を下回らない範囲において、第1項の期間を短縮することができる。

（組合員の総会招集権）

第44条　組合員が組合員総数の5分の1以上及び第46条第1項に定める議決権総数の5分の1以上に当たる組合員の同意を得て、会議の目的を示して総会の招集を請求した場合には、理事長は2週間以内にその請求があった日から4週間以内の日（会議の目的が建替え決議又はマンション敷地売却決議であるときは、2か月と2週間以内の日）を会日とする臨時総会の招集の通知を発しなければならない。

2　理事長が前項の通知を発しない場合には、前項の請求をした組合員は、臨時総会を招集することができる。

〔※管理組合における電磁的方法の利用状況に応じて、次のように規定〕

（ア）電磁的方法が利用可能ではない場合

3　前2項により招集された臨時総会においては、第42条第5項にかかわらず、議長は、総会に出席した組合員（書面又は代理人によって議決権を行使する者を含む。）の議決権の過半数をもって、組合員の中から選任する。

（イ）電磁的方法が利用可能な場合

3　前2項により招集された臨時総会においては、第42条第5項にかかわらず、議長は、総会に出席した組合員（書面、電磁的方法又は代理人によって議決権を行使する者を含む。）の議決権の過半数をもって、組合員の中から選任する。

（出席資格）

第45条　組合員のほか、理事会が必要と認めた者は、総会に出席することができる。

2　区分所有者の承諾を得て専有部分を占有する者は、会議の目的につき利害関係を有する場合には、総会に出席して意見を述べることができる。この場合において、総会に出席して意見を述べようとする者は、あらかじめ理事長にその旨を通知しなければならない。

（議決権）

第46条　各組合員の議決権の割合は、別表第5（掲載略）に掲げるとおりとする。
2　住戸1戸が数人の共有に属する場合、その議決権行使については、これら共有者をあわせて一の組合員とみなす。
3　前項により一の組合員とみなされる者は、議決権を行使する者1名を選任し、その者の氏名をあらかじめ総会開会までに理事長に届け出なければならない。
4　組合員は、書面又は代理人によって議決権を行使することができる。
5　組合員が代理人により議決権を行使しようとする場合において、その代理人は、以下の各号に掲げる者でなければならない。
一　その組合員の配偶者（婚姻の届出をしていないが事実上婚姻関係と同様の事情にある者を含む。）又は一親等の親族
二　その組合員の住戸に同居する親族
三　他の組合員
6　組合員又は代理人は、代理権を証する書面を理事長に提出しなければならない。

〔※管理組合における電磁的方法の利用状況に応じて、次のように規定〕

（ア）電磁的方法が利用可能ではない場合

（規定なし）

（イ）電磁的方法が利用可能な場合

7　組合員は、第4項の書面による議決権の行使に代えて、電磁的方法によって議決権を行使することができる。

8　組合員又は代理人は、第6項の書面の提出に代えて、電磁的方法によって提出することができる。

（総会の会議及び議事）

第47条　総会の会議は、前条第1項に定める議決権総数の半数以上を有する組合員が出席しなければならない。

2　総会の議事は、出席組合員の議決権の過半数で決する。

3　次の各号に掲げる事項に関する総会の議事は、前項にかかわらず、組合員総数の4分の3以上及び議決権総数の4分の3以上で決する。

一　規約の制定、変更又は廃止

二　敷地及び共用部分等の変更（その形状又は効用の著しい変更を伴わないもの及び建築物の耐震改修の促進に関する法律第25条第2項に基づく認定を受けた建物の耐震改修を除く。）

三　区分所有法第58条第1項、第59条第1項又は第60条第1項の訴えの提起

四　建物の価格の2分の1を超える部分が滅失した場合の滅失した共用部分の復旧

五　その他総会において本項の方法により決議するとした事項

4　建替え決議は、第2項にかかわらず、組合員総数の5分の4以上及び議決権総数の5分の4以上で行う。

5　マンション敷地売却決議は、第2項にかかわらず、組合員総数、議決権総数及び敷地利用権の持分の価格の各5分の4以上で行う。

〔※管理組合における電磁的方法の利用状況に応じて、次のように規定〕

（ア）電磁的方法が利用可能ではない場合

6　前5項の場合において、書面または代理人によって議決権を行使する者は、出席組合員とみなす。

（イ）電磁的方法が利用可能な場合

6　前5項の場合において、書面、電磁的方法又は、代理人によって議決権を行使する者は、出席組合員とみなす。

7　第3項第一号において、規約の制定、変更又は廃止が一部の組合員の権利に特別の影響を及ぼすべきときは、その承諾を得なければならない。この場合において、その組合員は正当な理由がなければこれを拒否してはならない。

8　第3項第二号において、敷地及び共用部分等の変更が、専有部分又は専用使用部分の使用に特別の影響を及ぼすべきときは、その専有部分を所有する組合員又はその専用使用部分の専用使用を認められている組合員の承諾を得なければならない。この場合において、その組合員は正当な理由がなければこれを拒否してはならない。

9　第3項三号に掲げる事項の決議を行うには、あらかじめ当該組合員または占有者に対し、弁明する機会を与えなければならない。

10　総会においては、第43条第一項によりあらかじめ通知した事項についてのみ、決議することができる。

（議決事項）

第48条　次の各号に掲げる事項については、総会の決議を経なければならない。

一　規約及び使用細則等の制定、変更又は廃止

二　役員の選任及び解任並びに役員活動費の額及び支払方法

三　収支決算及び事業報告

四　収支予算及び事業計画

五　長期修繕計画の作成又は変更

六　管理費等及び使用料の額並びに賦課徴収方法

七　修繕積立金の保管及び運用方法

八　適正化法第5条の3第1項に基づく管理計画の認定の申請、同法第5条の6第1項に基づく管理計画の認定の更新の申請及び同法第5条の7第1項に基づく管理計画の変更の認定の申請

九　第21条第2項に定める管理の実施

十　第28条第1項に定める特別の管理の実施並びにそれに充てるための資金の借入れ及び修繕積立金の取崩し

十一　区分所有法第57条第2項及び前条第3項第三号の訴えの提起並びにこれらの訴えを提起すべき者の選任

十二　建物の一部が滅失した場合の滅失した共用部分の復旧

十三　円滑化法第102条第1項に基づく除却の必要性に係る認定の申請

十四　区分所有法第62条第1項の場合の建替え及び円滑化法第108条第1項の場合のマン

ション敷地売却
十五　第28条第2項及び第3項に定める建替え等に係る計画又は設計等の経費のための修繕積立金の取崩し
十六　組合管理部分に関する管理委託契約の締結
十七　その他管理組合の業務に関する重要事項

〔※管理組合における電磁的方法の利用状況に応じて、次のように規定〕

（ア）電磁的方法が利用可能ではない場合

（議事録の作成、保管等）
第49条　総会の議事については、議長は、議事録を作成しなければならい。
2　議事録には、議事の経過の要領及びその結果を記載し、議長及び議長の指名する2名の総会に出席した組合員がこれに署名押印しなければならない。
3　理事長は、議事録を保管し、組合員又は利害関係人の書面による請求があったときは、議事録の閲覧をさせなければならない。この場合において、閲覧につき、相当の日時、場所等を指定することができる。
4　理事長は、所定の掲示場所に、議事録の保管場所を掲示しなければならない。

（書面による決議）
第50条　規約により総会において決議をするべき場合において、組合員全員の承諾があるときは、書面による決議をすることができる。

2　規約により総会において決議すべきものとされた事項については、組合員全員の書面による合意があったときは、書面による決議があったものとみなす。

3　規約により総会において決議すべきものとされた事項についての書面による決議は、総会の決議と同一の効力に係る書面について準用する。

4　前条第3項及び第4項の規定は、書面による決議に係る書面について準用する。

5　総会に関する規定は、書面による決議について準用する。

（イ）電磁的方法が利用可能な場合

（議事録の作成、保管等）

第49条　総会の議事については、議長は、書面又は電磁的記録により、議事録を作成しなければならない。

2　議事録には、議事の経過の要領及びその結果を記載し、又は記録しなければならない。

3　前項の場合において、議事録が書面で作成されているときは、議長及び議長の指名する2名の総会に出席した組合員がこれに署名押印しなければならない。

4　第2項の場合において、議事録が電磁的記録で作成されているときは、当該電磁的記録に記録された情報については、議長及び議長の指名する2名の総会に出席した組合員が電子署名（電子署名及び認証業務に関する法律（平成12年法律第１０２号）第2条第1項の「電子署名」をいう。以下同じ。）をしなければならない。

5　理事長は、議事録を保管し、組合員又は利害関係人の書面又は電磁的方法による請求があったときは、議事録の閲覧（議事録が電磁的記録で作成されているときは、当該電磁的記録に記録された情報の内容を紙面又は出力装置の映像面に表示する方法により表示したものの当議事録の保管場所における閲覧をいう。）をさせなければならない。この場合において、閲覧につき、相当の日時、場所等を指定することができる。

6　理事長は、所定の掲示場所に、議事録の保管場所を掲示しなければならない。

（書面又は電磁的方法による決議）

第50条　規約により総会において決議をすべき場合において、組合員全員の承諾があるときは、書面又は電磁的方法による決議をすることができる。ただし、電磁的方法による決議に係る組合員の承諾については、あらかじめ、組合員に対し、その用いる電磁的方法の種類及び内容を示し、書面又は電磁的方法による承諾を得なければならない。

2　前項の電磁的方法の種類及び内容は、次に掲げる事項とする。

一　第44条第4項各号に定める電磁的方法のうち、送信者が使用するもの

二　ファイルへの記録の方式

3　規約により総会において決議すべきものとされた事項については、組合員の全員の書面又は電磁的方法による合意があったときは、書面又は電磁的方法による決議があったものとみなす。

4　規約により総会において決議すべきものとされた事項についての書面又は電磁的方法による決議は、総会の決議と同一の効力を有する。

5　前条第5項及び第6項の規定は、書面又は電磁的方法による決議に係る書面並びに第1項及び第3項の電磁的方法が行われた場合に当該電磁的方法により作成される電磁的記録につ

いて準用する。

6　総会に関する規定は、書面又は電磁的方法による決議について準用する。

第5節　理事会

（理事会）

第51条　理事会は、理事をもって構成する。

2　理事会は、次に掲げる職務を行う。

一　規約若しくは使用細則等又は総会の決議により理事会の権限として定められた管理組合の業務執行の決定

二　理事の職務の執行の監督

三　理事長、副理事長及び会計担当理事の選任

3　理事会の議長は、理事長が務める。

（招集）

第52条　理事会は、理事長が招集する。

2　理事が○分の1以上の理事の同意を得て理事会の招集を請求した場合には、理事長は速やかに理事会を招集しなければならない。

3　前項の規定による請求があった日から○日以内に、その請求があった日から○日以内の日を理事会の日とする理事会の招集の通知が発せられない場合には、その請求をした理事は、理事会を招集することができる。

4　理事会の招集手続については、第43条（建替え決議又はマンション敷地売却決議を会議の

目的とする場合の第1項及び第4項から第8項までを除く。）の規定を準用する。この場合において、同条中「組合員」とあるのは「理事及び監事」と、同条第9項中「理事会の承認」とあるのは「理事及び監事の全員の同意」と読み替えるものとする。ただし、理事会において別段の定めをすることができる。

（理事会の会議及び議事）

第53条　理事会の会議は、理事の半数以上が出席しなければ開くことができず、その議事は出席理事の過半数で決する。

2　次条第1項第五号に掲げる事項については、理事の過半数の承諾があるときは、書面又は電磁的方法による決議によることができる。

3　前2項の決議について特別の利害関係を有する理事は、議決に加わることができない。

〔※管理組合における電磁的方法の利用状況に応じて、次のように規定〕

（ア）電磁的方法が利用可能ではない場合

4　議事録については、第49条（第4項を除く。）の規定を準用する。ただし、第49条第2項中「総会に出席した組合員」とあるのは「理事会に出席した理事」と読み替えるものとする。

（イ）電磁的方法が利用可能な場合

4　議事録については、第49条（第6項を除く。）の規定を準用する。ただし、第49条第3項中「総会に出席した組合員」とあるのは「理事会に出席した理事」と読み替えるものとする。

（議決事項）

第54条　理事会は、この規約に別に定めるもののほか、次の各号に掲げる事項を決議する。

一　収支決算案、事業報告案、収支予算案及び事業計画案
二　規約及び使用細則等の制定、変更又は廃止に関する案
三　長期修繕計画の作成又は変更に関する案
四　その他の総会提出議案
五　第17条、第21条及び第22条に定める承認又は不承認
六　第58条第3項に定める承認又は不承諾
七　第60条第4項に定める未納の管理費等及び使用料の請求に関する訴訟その他法的措置の追行
八　第67条に定める勧告又は指示等
九　総会から付託された事項
十　災害等により総会の開催が困難である場合における応急的な修繕工事の実施等
十一　理事長、副理事長及び会計担当理事の選任及び解任

2　第48条の規定にかかわらず、理事会は、前項第十号の決議をした場合においては、当該決議に係る応急的な修繕工事の実施に充てるための資金の借入れ及び修繕積立金の取崩しについて決議することができる。

（専門委員会の設置）

第55条　理事会は、その責任と権限の範囲内において、専門委員会を設置し、特定の課題を調査又は検討させることができる。

2　専門委員会は、調査又は検討した結果を理事会に具申する。

第7章　会計

（会計年度）
第56条　管理組合の会計年度は、毎年○月○日から翌年○月○日までとする。

（管理組合の収入及び支出）
第57条　管理組合の会計における収入は、第25条に定める管理費等及び第29条に定める使用料によるものとし、その支出は第27条から第29条に定めるところにより諸費用に充当する。

（収支予算の作成及び変更）
第58条　理事長は、毎会計年度の収支予算案を通常総会に提出し、その承認を得なければならない。

2　収支予算を変更しようとするときは、理事長は、その案を臨時総会に提出し、その承認を得なければならない。

3　理事長は、第56条に定める会計年度の開始後、第1項に定める承認を得るまでの間に、以下の各号に掲げる経費の支出が必要となった場合には、理事会の承認を得てその支出を行うことができる。

一　第27条に定める通常の管理に要する経費のうち、経常的であり、かつ、第1項の承認を得る前に支出することがやむを得ないと認められるもの

二　総会の承認を得て実施している長期の施工期間を要する工事に係わる経費であって、第1項の承認を得る前に支出することがやむを得ないと認められるもの

4　前項の規定に基づき行った支出は、第1項の規定により収支予算案の承認を得たときは、

当該収支予算案による支出とみなす。
5　理事会が第54条第1項第十号の決議をした場合には、理事長は、同条第2項の決議に基づき、その支出を行うことができる。
6　理事長は、第21条第6項の規定に基づき、敷地及び共用部分等の保存行為を行う場合には、そのために必要な支出を行うことができる。

（会計報告）

第59条　理事長は、毎会計年度の収支決算案を監事の会計監査を経て、通常総会に報告し、その承認を得なければならない。

（管理費等の徴収）

第60条　管理組合は、第25条に定める管理費等及び第29条に定める使用料について、組合員が各自開設する預金口座から口座振替の方法により第62条に定める口座に受け入れることとし、当月分は別に定める徴収日までに一括して徴収する。ただし、臨時に要する費用として特別に徴収する場合には、別に定めるところによる。
2　組合員が前項の期日までに納付すべき金額を納付しない場合には、管理組合は、その未払金額について、年利○％の遅延損害金と、違約金としての弁護士費用並びに督促及び徴収の諸費用を加算して、その組合員に対して請求することができる。
3　管理組合は、納付すべき金額を納付しない組合員に対し、督促を行うなど、必要な措置を講ずるものとする。
4　理事長は、未納の管理費等及び使用料の請求に関して、理事会の決議により、管理組合を代表して、訴訟その他法的措置を追行することができる。

5　第2項に基づき請求した遅延損害金、弁護士費用並びに督促及び徴収の諸費用に相当する収納金は、第27条に定める費用に充当する。

6　組合員は、納付した管理費等及び使用料について、その返還請求又は分割請求をすることができない。

（管理費等の過不足）

第61条　収支決算の結果、管理費に余剰を生じた場合には、その余剰は翌年度における管理費に充当する。

2　管理費等に不足を生じた場合には、管理組合は組合員に対して第25条第2項に定める管理費等の負担割合により、その都度必要な金額の負担を求めることができる。

（預金口座の開設）

第62条　管理組合は、会計業務を遂行するため、管理組合の預金口座を開設するものとする。

（借入れ）

第63条　管理組合は、第28条第1項に定める業務を行うため必要な範囲内において、借入れをすることができる。

（帳票類等の作成、保管）

〔※管理組合における電磁的方法の利用状況に応じて、次のように規定〕

（ア）　電磁的方法が利用可能ではない場合

第64条　理事長は、会計帳簿、什器備品台帳、組合員名簿及びその他の帳票類を作成して保管し、組合員又は利害関係人の理由を付した書面による請求があったときは、これらを閲覧させなければならない。この場合において、閲覧につき、相当の日時、場所等を指定することができる。

2　理事長は、第32条第三号の長期修繕計画書、同条第五号の設計図書及び同条第六号の修繕等の履歴情報を保管し、組合員又は利害関係人の理由を付した書面による請求があったときは、これらを閲覧させなければならない。この場合において、閲覧につき、相当の日時、場所等を指定することができる。

3　理事長は、第49条第3項（第53条第4項において準用される場合を含む。）、本条第1項及び第2項並びに第72条第2項及び第4項の規定により閲覧の対象とされる管理組合の財務・管理に関する情報については、組合員又は利害関係人の理由を付した書面による請求に基づき、当該請求をした者が求める情報を記入した書面を交付することができる。この場合において、理事長は、交付の相手方にその費用を負担させることができる。

（イ）電磁的方法が利用可能な場合

第64条　理事長は、会計帳簿、什器備品台帳、組合員名簿及びその他の帳票類を、書面又は電磁的記録により作成して保管し、組合員又は利害関係人の理由を付した書面又は電磁的方法による請求があったときは、これらを閲覧させなければならない。この場合において、閲覧につき、相当の日時、場所等を指定することができる。

2　理事長は、第32条第三号の長期修繕計画書、同条第五号の設計図書及び同条第六号の修繕等の履歴情報を、書面又は電磁的記録により保管し、組合員又は利害関係人の理由を付した書面又は電磁的方法による請求があったときは、これらを閲覧させなければならない。この場合において、閲覧につき、相当の日時、場所等を指定することができる。

3　理事長は、第49条第5項（第53条第4項において準用される場合を含む。）、本条第1項及び第2項並びに第72条第2項及び第4項の規定により閲覧の対象とされる管理組合の財務・管理に関する情報については、組合員又は利害関係人の理由を付した書面又は電磁的方法による請求に基づき、当該請求をした者が求める情報を記入した書面を交付し、又は当該書面に記載すべき事項を電磁的方法により提供することができる。この場合において、理事長は、交付の相手方にその費用を負担させることができる。

4　電磁的記録により作成された書類等の閲覧については、第49条第5項に定める議事録の閲覧に関する規定を準用する。

（消滅時の財産の清算）

第65条　管理組合が消滅する場合、その残余財産については、第10条に定める各区分所有者の共用部分の共有持分割合に応じて各区分所有者に帰属するものとする。

第8章　雑則

（義務違反者に対する措置）

第66条　区分所有者又は占有者が建物の保存に有害な行為その他建物の管理又は使用に関し区分所有者の共同の利益に反する行為をした場合又はその行為をするおそれがある場合には、区分所有法第57条から第60条までの規定に基づき必要な措置をとることができる。

（理事長の勧告及び指示等）

第67条　区分所有者若しくはその同居人又は専有部分の貸与を受けた者若しくはその同居人（以下「区分所有者等」という。）が、法令、規約又は使用細則等に違反したとき、又は対象物件内における共同生活の秩序を乱す行為を行ったときは、理事長は、理事会の決議を経てその区分所有者等に対し、その是正等のため必要な勧告又は指示若しくは警告を行うことができる。

2　区分所有者は、その同居人又はその所有する専有部分の貸与を受けた者若しくはその同居人が前項の行為を行った場合には、その是正等のため必要な措置を講じなければならない。

3　区分所有者等がこの規約若しくは使用細則等に違反したとき、又は区分所有者等若しくは区分所有者等以外の第三者が敷地及び共用部分等において不法行為を行ったときは、理事長は、理事会の決議を経て、次の措置を講ずることができる。

一　行為の差止め、排除又は原状回復のための必要な措置の請求に関し、管理組合を代表して、訴訟その他法的措置を追行すること

二　敷地及び共用部分等について生じた損害賠償金又は不当利得による返還金の請求又は受領に関し、区分所有者のために、訴訟において原告又は被告となること、その他法的措置をとること

4　前項の訴えを提起する場合、理事長は、請求の相手方に対し、違約金としての弁護士費用及び差止め等の諸費用を請求することができる。

5　前項に基づき請求した弁護士費用及び差止め等の諸費用に相当する収納金は、第27条に定める費用に充当する。

6　理事長は、第3項の規定に基づき、区分所有者のために、原告又は被告となったときは、

遅滞なく、区分所有者にその旨を通知しなければならない。この場合には、第43条第2項及び第3項の規定を準用する。

（合意管轄裁判所）

第68条　この規約に関する管理組合と組合員間の訴訟については、対象物件所在地を管轄する○○地方（簡易）裁判所をもって、第一審管轄裁判所とする。

2　第48条第十号に関する訴訟についても、前項と同様とする。

（市及び近隣住民との協定の遵守）

第69条　区分所有者は、管理組合が○○市又は近隣住民と締結した協定について、これを誠実に遵守しなければならない。

（細則）

第70条　総会及び理事会の運営、会計処理、管理組合への届出事項等については、別に細則を定めることができる。

（規約外事項）

第71条　規約及び使用細則等に定めのない事項については、区分所有法その他の法令の定めるところによる。

2　規約、使用細則等又は法令のいずれにも定めのない事項については、総会の決議により定める。

（規約原本等）

〔※管理組合における電磁的方法の利用状況に応じて、次のように規定〕

（ア）　電磁的方法が利用可能ではない場合

第72条　この規約を証するため、区分所有者全員が記名押印した規約を1通作成し、これを規約原本とする。

2　規約原本は、理事長が保管し、区分所有者又は利害関係人の書面による請求があったときは、規約原本の閲覧をさせなければならない。

3　規約が規約原本の内容から総会決議により変更されているときは、理事長は、1通の書面に、現に有効な規約の内容と、その内容が規約原本及び規約変更を決議した総会の議事録の内容と相違ないことを記載し、署名押印した上で、この書面を保管する。

4　区分所有者又は利害関係人の書面による請求があったときは、理事長は、規約原本、規約変を決議した総会の議事録及び現に有効な規約の内容を記載した書面（以下「規約原本等」という。）並びに現に有効な第18条に基づく使用細則及び第70条に基づく細則その他の催促の内容を記載した書面（以下「使用細則等」という。）の閲覧をさせなければならない。

5　第2項及び前項の場合において、理事長は、閲覧につき、相当の日時、場所等を指定することができる。

6　理事長は、所定の掲示場所に、規約原本等及び使用細則等の保管場所を掲示しなければならない。

（イ）電磁的方法が利用可能な場合

第72条　この規約を証するため、区分所有者全員が書面に記名押印又は電磁的記録に電子署名した規約を1通作成し、これを規約原本とする。

2　規約原本は、理事長が保管し、区分所有者又は利害関係人の書面又は電磁的方法による請求があったときは、規約原本の閲覧をさせなければならない。

3　規約が規約原本の内容から総会決議により変更されているときは、理事長は、1通の書面又は電磁的記録に、現に有効な規約の内容と、その内容が規約原本及び規約変更を決議した総会の議事録の内容と相違ないことを記載又は記録し、署名押印又は電子署名した上で、この書面又は電磁的記録を保管する。

4　区分所有者又は利害関係人の書面又は電磁的方法による請求があったときは、理事長は、規約原本、規約変更を決議した総会の議事録及び現に有効な規約の内容を記載した書面又は記録した電磁的記録（以下「規約原本等」という。）並びに現に有効な第18条に基づく使用細則及び第70条に基づく細則その他の細則の内容を記載した書面又は記録した電磁的記録（以下「使用細則等」という。）の閲覧をさせなければならない。

5　第2項及び前項の場合において、理事長は、閲覧につき、相当の日時、場所等を指定することができる。

6　理事長は、所定の掲示場所に、規約原本等及び使用明細等の保管場所を掲示しなければならない。

7　電磁的記録により作成された規約原本等及び使用明細等の閲覧については、第49条第5項に定める議事録の閲覧に関する規定を準用する。

附則

（規約の発効）

第1条　この規約は、令和○年○月○日から効力を発する。

あとがき

9年前に出版させていただき、今回、3回目の改訂版となり、深く感謝申し上げます。

実は、まさかマンションの管理人さん向けの本を出版するとは、9年前には思いもよりませんでした。数年前まで毎年、シルバー人材センターの委託によるマンション管理人養成講座などをさせていただいてきました。そんなこともあり、日本の社会をこれまで牽引されてきた大先輩がたの何かのお役に立てないかとの気持ちでいっぱいです。そんな思いが結実して、本書が9年前に世の中に誕生したことは、ひとえに皆様方のご支援のお陰と深く感謝申し上げます。

また、本書を出版する動機を与えていただいたランチェスター経営で有名な竹田陽一先生や、筆者が所属している名古屋の北見塾の北見式賃金研究所の北見昌朗先生、そして本書のコーディネーターであるインプループの小山睦男社長には感謝に耐えない気持ちでいっぱいです。

本書は、おそらく日本で最初のマンション管理人さんの職業紹介の本になったのではと思います。

本書では、前半が最初マンション管理人さんの職業紹介の視点、後半はどちらかというと理事長さん寄りの視点で記載したため、読者の皆さんは途中で、多少とまどわれたかもしれませんが、双方の視点からとらえることにより、いっそうマンションの管理について理解が深まるのではないかと思っております。

このようなことが、いくらかでもマンション管理の現場でお役に立てれば幸いと思っております。

また、マンションの管理人さんの職業紹介にとどまらず、マンション管理の全体的な法律等も踏まえて、読者の皆さんにご理解していただき、今後の日本のマンションの活性化にいくらか貢献できれば、私の最大の喜びです。

本当に最後までお付き合いいただき、ありがとうございました。

２０２１年11月

三村　正夫

〔参考文献〕

・「マンション管理総合講座」　マンション管理研究所発行・編集　２００５年
・「狙われるマンション」　山岡淳一郎　朝日新聞社　２０１０年
・「サッと作れる小規模企業の賃金制度」三村正夫　経営書院　２０１２年
・「サッと作れる零細企業の就業規則」　三村正夫　経営書院　２０１１年
・「10年後に食える仕事　食えない仕事」渡邉正裕　東洋経済　２０１２年
・「マンション理事になったらまず読む本」　日下部理絵　実業之日本社　２０１１年
・「マンション管理員検定公式テキスト」　一般社団法人　マンション管理員検定協会　日本能率協会マネジメントセンター　２０１１年

著者略歴

三村　正夫（みむら　まさお）

株式会社三村式経営労務研究所代表取締役。三村社会保険労務士事務所所長。一般社団法人石川県マンション管理士会代表理事。

福井県福井市生まれ。芝浦工業大学卒業後、昭和 55 年日本生命保険相互会社に入社し、販売関係の仕事に 22 年間従事。その後、平成 13 年に早期定年退職し、100 歳まで生涯現役を誓い、金沢で社会保険労務士として独立開業。15 年前からは、北陸で初めてマンション管理人養成講座をスタートし、約 200 名の卒業生を育成。平成 15 年、北陸マンション管理士会を立ち上げ、平成 24 年 4 月からは一般社団法人石川県マンション管理士会として法人化し、初代代表理事となる。

信念は、「人生は、自分の思い描いたとおりになる」。

マンション管理士、管理業務主任者、宅地建物取引主任者、特定社会保険労務士、行政書士など 22 種の資格を取得。

著書には『改訂版　サッと作れる小規模企業の就業規則」、『改訂版　サッと作れる小規模企業の賃金制度』（いずれも、経営書院刊）、『改訂新版　マンション管理士の仕事と開業がわかる本』、『超人手不足時代がやってきた！　小さな会社の働き方改革・どうすればいいのか』、『誰もが一個の天才　コロナウイルスなどに負けない「生き方・働き方」』、『改訂版　熟年離婚と年金分割一熟年夫のあなた、コロナ離婚などないと思い違いをしていませんか』、『改訂版　生の年金・死の年金一人生 100 年時代の年金人生　死亡時期でこんなに変わる年金受給』（いずれも、セルバ出版刊）などがある。

改訂新版 マンション管理人の仕事とルールがよくわかる本

2012 年 8 月 23 日 初版発行　　2012 年 9 月 28 日 第 2 刷発行
2017 年 1 月 13 日 改訂版発行
2018 年 11 月 29 日 改訂 2 版発行
2021 年 12 月 3 日 改訂 3 版発行　2023 年 3 月 8 日改訂 3 版第 2 刷発行

著　者　三村　正夫　©Masao Mimura

発行人　森　　忠順

発行所　株式会社 セルバ出版
〒 113-0034
東京都文京区湯島 1 丁目 12 番 6 号 高関ビル 5 B
☎ 03（5812）1178　FAX 03（5812）1188
http://www.seluba.co.jp/

発　売　株式会社 三省堂書店／創英社
〒 101-0051
東京都千代田区神田神保町 1 丁目 1 番地
☎ 03（3291）2295　FAX 03（3292）7687

印刷・製本　株式会社 丸井工文社

Printed in JAPAN
ISBN978-4-86367-716-6